CREMIGE DESSERTS FÜR GENIESSER

Meister Verlag GmbH

INHALT

Cremige Desserts für Geniesser

Auch wenn das Essen wunderbar geschmeckt hat – ohne den süßen Abschluß fehlt einfach etwas. Darum sind zarte, cremige Desserts auf der ganzen Welt beliebt.

Mittelmeerraum

Süße Nachspeisen kommen in den Ländern rund ums Mittelmeer meist bei festlichen Anlässen auf den Tisch – raffinierte Kreationen zaubern vor allem die Italiener: Gefrorene Eisspezialitäten und üppige Eiercremespeisen, wie Tiramisu, werden oft mit Kaffee oder edlen Likören verfeinert.

Mittel- & Südamerika

Ein Hauch von Exotik ist hier allen Desserts eigen. Als Zutaten sind erfrischende Früchte, wie Limetten und Ananas, außerdem Kokosnuß und Gewürze, etwa Vanille, Zimt und Ingwer, sehr beliebt.

Nord-, Mittel- & Osteuropa

Feine Cremedesserts in allen Variationen gehören seit jeher zu einem vollständigen europäischen Festmenü. Die zarten Gebilde aus Eiern, Sahne und anderen köstlichen Zutaten kamen ursprünglich nur in fürstlichen Häusern auf den Tisch. Sie enthielten reichlich Zucker – und der war lange

Zeit für das einfache Volk viel zu teuer. Erst der Anbau der Zuckerrübe machte die Süße für jeden erschwinglich, und so gehörten bald so wohlklingende und -schmeckende Desserts, wie die Bayerische Creme, Charlotte russe und Mousse au chocolat, zu allseits begehrten Nachspeisen.

Neue Welt

Amerikaner und Australier sind wahre Naschkatzen. Jeder Nordamerikaner verzehrt statistisch gesehen jährlich über 50 Kilogramm Kristallzucker – pur, in Getränken oder süßen Schleckereien. Auch bei Desserts wird an Zucker und gehaltvollen Zutaten, wie Schokolade und Sahne, nicht gespart. Cremig gefüllte Kuchen und Arrangements aus Baiser und Früchten, aufgetürmt zu kleinen Kunstwerken, sind besonders beliebt.

Asien & Ferner Osten

Leichte, gut gekühlte Köstlichkeiten aus Joghurt oder Buttermilch, verfeinert mit Früchten, bilden den krönenden Abschluß indischer Mahlzeiten.

TRADITIONELLES TIRAMISU

ITALIEN

Die reichhaltige Mascarponecreme mit feinem Aroma von Kaffee und Mandellikör steht zweifelsohne an der Spitze auf der Beliebtheitsskala für italienische Nachtisch-Spezialitäten.

ZUTATEN
(Für 4 Portionen)

- 2 sehr frische Eigelbe (siehe Küchen-Lexikon)
- 2 EL Zucker
- 250 g Mascarpone (siehe Zutatentip)
- 1 TL abgeriebene unbehandelte Zitronenschale
- 75 ml Espresso oder sehr starker Kaffee
- 5 EL Amaretto (Mandellikör)
- 100 g Löffelbiskuits

AUSSERDEM

- 1 EL dunkles Kakaopulver

ZUTATENTIP

Zwar gibt es Mascarpone, den italienischen Doppelrahmfrischkäse, inzwischen im Supermarkt zu kaufen, ersatzweise können Sie für das Tiramisu jedoch 150 g Sahnequark mit 100-150 g Crème fraîche verrühren.

1 Die Eigelbe zusammen mit dem Zucker und 4 EL heißem Wasser in eine Schüssel geben. Mit den Schneebesen des Handrührgerätes in etwa 5 Minuten zu einer hellen, dick-schaumigen Creme aufschlagen.

Schritt 1

2 Den Mascarpone löffelweise unter die Eiercreme rühren und diese mit der Zitronenschale würzen.

3 Den Espresso mit dem Amaretto in einem tiefen Teller verrühren. Die Hälfte der Löffelbiskuits kurz in die Espressomischung tauchen und auf den Boden einer kleinen Schüssel mit geradem Boden legen.

Schritt 3

4 Die Hälfte der Mascarponecreme auf den Löffelbiskuits verstreichen. Die restlichen Löffelbiskuits ebenfalls kurz in Espresso tauchen, in die Schüssel schichten und mit der restlichen Mascarponecreme bedecken. Die Creme zugedeckt für mindestens 3 Stunden in den Kühlschrank stellen.

Schritt 4

5 Zum Servieren das Kakaopulver als dicke Schicht mit einem kleinen Sieb über das Dessert stäuben.

Zubereiten 40 Min. Kühlen 3 Std.
Pro Portion: 400 kcal/1700 kJ;
13 g EW; 24 g F; 29 g KH

TYPISCH TOSKANISCH

»Zieh mich hoch« heißt Tiramisu auf deutsch, und die Mascarponecreme macht munter, enthält sie doch starken Espresso. Das Dessert ist die moderne Version der »Zuppa inglese«, einer Eiercreme namens »englische Suppe« – so genannt, weil insbesondere Engländer, die in Florenz lebten, sie liebend gern genossen.

KOCHTIP

- Für die Zubereitung von Tiramisu sollten Sie unbedingt ganz frische Eigelbe verwenden, um eine mögliche Salmonellengefahr zu vermeiden.
- Statt mit Amaretto können Sie den Espresso auch mit einem beliebigen Weinbrand, Kaffeelikör oder einer Mischung aus beiden Spirituosen aromatisieren.

SERVIERTIP

Auch in Portionsschälchen wirkt Tiramisu verlockend: Dafür zerbröselte Löffelbiskuits in Gläser geben, mit Espresso beträufeln und mit Creme füllen. Ein Gläschen Amaretto und ein Cappuccino sind die gebührenden Begleiter.

SCHOKOLADEN-EISBOMBE »ZUCCOTTO«

ITALIEN

ZUTATEN

(Für 12 Portionen)

- 5 sehr frische Eier (siehe Küchen-Lexikon)
- 125 g Zucker
- 80 g Mehl
- 30 g Kakaopulver
- 175 g Aprikosenkonfitüre

FÜR DIE FÜLLUNG

- 600 ml Schokoladeneis
- 400 ml Vanilleeis
- 2 EL Orangenlikör
- 50 g Orangeat

AUSSERDEM

- Zucker zum Bestreuen des Küchentuchs
- Klarsichtfolie
- Erdbeeren und Schlagsahne zum Garnieren

ZUTATENTIP

Sie können auch andere Eissorten verwenden. Besonders fein wird's, wenn Sie das Vanilleeis durch weißes Schokoladeneis ersetzen.

Eine leckere Überraschung, für die sich der kleine Aufwand lohnt: Unter einer »Kuppel« aus Biskuitrolle verbergen sich Schokoladeneis und mit Orangenaroma verfeinertes Vanilleeis.

1 Backofen auf 200 °C vorheizen. Ein Blech mit Backpapier auslegen. Eier trennen. Eigelbe mit 5 EL warmem Wasser und Zucker cremig aufschlagen. Eiweiße steif schlagen und daraufgeben. Mehl und Kakaopulver darübersieben und locker unterheben. Auf das Blech streichen und etwa 10 Minuten backen (Gas 3; Umluft 180 °C).

Schritt 1

2 Ein Küchentuch mit Zucker bestreuen. Biskuit sofort nach dem Backen auf das Tuch stürzen, Papier abziehen. Biskuit aufrollen, auskühlen lassen. Wieder abrollen, mit Konfitüre bestreichen, erneut aufrollen.

Schritt 2

3 Eine kuppelförmige Schüssel (1,6 l Inhalt) mit Folie auslegen. Die Biskuitrolle in dünne Scheiben schneiden und die Schüssel mit einem Teil davon auslegen.

4 Das Eis kurz antauen lassen und cremig rühren. Schokoladeneis auf die Biskuitscheiben streichen. Vanilleeis mit Likör und Orangeat verrühren und in die Form geben. Mit Biskuitscheiben belegen und 4 Stunden in das Gefriergerät stellen.

Schritt 4

5 Auf eine Platte stürzen, Folie abziehen. Mit Erdbeeren und Sahne garnieren.

Zubereiten **75** Min. Backen **10** Min.
Kühlen und Gefrieren **4** Std.
Pro Portion: 180 kcal/770 kJ;
5 g EW; 10 g F; 40 g KH

TYPISCH TOSKANISCH

Große Eisbomben und Eistorten sind zwar in ganz Italien als Dessert beliebt, ihren Ursprung jedoch hat die Schokoladen-Eisbombe »Zuccotto« in der toskanischen Hauptstadt Florenz. Den Namen verdankt sie der Ähnlichkeit mit einem halbierten Kürbis, der auf italienisch »zucca« heißt.

KOCHTIP

- Den Biskuit können Sie bereits am Vortag backen, füllen und in Klarsichtfolie gewickelt aufbewahren.
- Zum Aufrollen des Biskuits das Tuch an einem Ende festhalten und vorsichtig nach oben ziehen. Der Teig rollt sich dann fast von alleine auf. Das funktioniert am besten mit heißem Biskuit.

SERVIERTIP

Ein kleines Kunstwerk wird die Eisbombe mit einer Verzierung aus dekorativen Sahne-Streifen. Wer möchte, kann sie zuvor noch mit dunkler Kuvertüre überziehen. So hübsch garniert kommt der »Zuccotto« in Italien auf den Tisch.

SERVIERTIP Schmückendes i-Tüpfelchen auf der Creme: zu Spiralen geformte, hauchdünne Limettenscheiben. Sehr gut schmeckt dazu frisch gepreßter Orangensaft oder ein Gläschen Marsala.

ZITRONEN-LIMETTEN-CREME

ITALIEN

In südlicher Sonne gereifte Zitronen und Limetten verleihen dieser luftigen, erfrischenden Sahnecreme ihr typisch säuerliches Aroma. Ein schnelles Rezept für jede Jahreszeit.

ZUTATEN
(Für 4 Portionen)

- 4 Blatt weiße Gelatine
- 2 unbehandelte Limetten (siehe Zutatentip)
- 1 unbehandelte Zitrone
- 2 sehr frische Eier (siehe Küchen-Lexikon)
- 100 g Zucker
- 1 Pck. Vanillezucker
- 200 g Schlagsahne

AUSSERDEM

- je 1 unbehandelte Limette und Zitrone zum Garnieren

ZUTATENTIP

Da die Schalen der Limetten und der Zitrone mitverwendet werden, sollten Sie unbedingt unbehandelte Früchte kaufen. Limetten sind meist unbehandelt, der Hinweis am Regal fehlt also.

1 Die Gelatine 5-10 Minuten in reichlich kaltem Wasser einweichen.

2 Die Limetten und die Zitrone heiß abwaschen und abtrocknen. Die Schale fein abreiben und den Saft auspressen. Alles mischen und auch das restliche Fruchtfleisch der ausgepreßten Früchte mit dazugeben.

3 Den Saft in einem kleinen Topf erhitzen, aber nicht aufkochen lassen. Von der Kochstelle ziehen. Die Gelatine ausdrücken und im Zitrussaft auflösen.

4 Die Eier trennen. Die Eigelbe mit dem Zucker und dem Vanillezucker in einer Schüssel hell-cremig rühren. Den Zitrussaft nach und nach kräftig unterschlagen, bis eine schaumige Creme entstanden ist.

5 Die Creme zugedeckt etwa 15 Minuten kalt stellen, bis sie zu gelieren beginnt. Die Eiweiße und die Sahne getrennt steif schlagen und locker unterheben. In Portionsschälchen umfüllen und zugedeckt mindestens 1 Stunde kalt stellen. Die Limette und die Zitrone zum Garnieren heiß waschen, trocknen, in sehr dünne Scheiben schneiden und die Creme damit verzieren.

Schritt 3

Schritt 4

Schritt 5

Zubereiten **30** Min. Kühlen **75** Min.
Pro Portion: 330 kcal/1400 kJ;
5 g EW; 19 g F; 36 g KH

TYPISCH SIZILIANISCH

Im »Land, wo die Zitronen blühn« verbrachte Dichterfürst Goethe viel Zeit und ließ sich von den leuchtend gelben Früchten inspirieren. Bis heute ist Italien das Land der Zitronen geblieben, denn ein Großteil der importierten Zitrusfrüchte kommt aus Sizilien.

PANNA COTTA MIT BROMBEERPÜREE

ITALIEN

Panna Cotta, mit Vanille aromatisierte, »gekochte Sahne«, zergeht auf der Zunge. Der italienische Klassiker wird hier von rotem Brombeerpüree und grünen Pistazienkernen begleitet.

ZUTATEN
(Für 4 Portionen)

- 1 Vanilleschote
- 500 g Schlagsahne
- 2 EL Zucker
- 6 Blatt weiße Gelatine

FÜR DAS BROMBEERPÜREE
- 250 g Brombeeren
- 2 EL Puderzucker
- 1 EL Grappa (siehe Zutatentip)

AUSSERDEM
- Pistazien zum Garnieren

ZUTATENTIP
Statt Grappa, dem italienischen Tresterschnaps, eignet sich auch jeder Obstler. Wer auf Kalorien achten muß und trotzdem nicht aufs Dessert verzichten möchte, ersetzt die Sahne durch Milch. Übrigens können Sie für das Püree durchaus tiefgefrorene Brombeeren verwenden.

1 Die Vanilleschote der Länge nach aufschlitzen und das weiche Mark herauskratzen. Schote und Mark mit der Sahne und dem Zucker in einem Topf verrühren.

2 Die Sahnemischung bei schwacher Hitze 15-20 Minuten leicht köcheln lassen. Inzwischen die Gelatine 5-10 Minuten in reichlich kaltem Wasser einweichen.

3 Die Vanilleschote aus der Sahne nehmen. Die Gelatine tropfnaß in die heiße Sahne geben und darin auflösen.

4 Die Sahne in 4 kleine, kalt ausgespülte Förmchen gießen. Zugedeckt im Kühlschrank in etwa 3 Stunden gelieren lassen.

5 Die Brombeeren waschen, verlesen und einige Beeren zum Garnieren beiseite legen. Die restlichen Beeren pürieren, durch ein Sieb streichen und mit dem Puderzucker und dem Grappa verrühren.

6 Das Brombeerpüree auf Dessertteller geben. Das Sahnegelee aus den Förmchen auf die Teller stürzen. Mit Brombeeren und Pistazien garnieren.

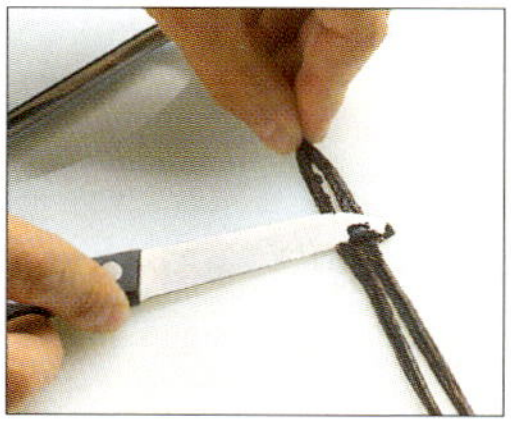

Schritt 1

Schritt 5

Schritt 6

Zubereiten 30 Min. Kühlen 3 Std.
Pro Portion: 520 kcal/2200 kJ;
5 g EW; 44 g F; 25 g KH

TYPISCH ITALIENISCH
Grappa, der hochprozentige Tresterschnaps aus Norditalien, hat in den vergangenen Jahrzehnten eine beispiellose Gemeinde von Liebhabern gewonnen. Der Edelbrand aus Trester – den Rückständen, die beim Weinkeltern entstehen – wird nicht nur pur, sondern auch in vielen Süßspeisen genossen.

Kochtip

- Die Brombeeren werden durch ein feines Sieb gestrichen, um auch kleine Kerne zu entfernen.
- Zum Stürzen des Gelees mit einem Messer vorsichtig den Rand ablösen. Eventuell ein feuchtes, heißes Tuch auf die umgedrehten Förmchen legen, dann löst sich die Creme besser.

Serviertip

Servieren Sie Panna Cotta einmal mit Karamel. Dazu die Förmchen mit karamelisiertem Zucker ausschwenken, fest werden lassen und die Creme hineinfüllen. Zugedeckt über Nacht in den Kühlschrank stellen. Mit Orangenzesten und Espresso servieren.

EISDESSERT 3 x ANDERS

Sahniges Vanilleeis wird mit Cappuccino, Erdbeeren oder Bananen kombiniert zu einem köstlich-kühlen Sommervergnügen!

GRUNDREZEPT VANILLEEIS

Vanille-Eiscreme läßt sich aus wenigen Zutaten problemlos selbst herstellen. Probieren Sie es aus!

(FÜR 4 PORTIONEN)

- **2 Eigelbe**
- **2 EL Puderzucker**
- **1 TL gemahlene Vanille**
- **125 g Schlagsahne**

1 Die Eigelbe mit dem Puderzucker, der Vanille und 2 EL warmem Wasser in einer Schüssel verquirlen und über einem warmen Wasserbad hell, dickcremig aufschlagen.

2 Vom Wasserbad nehmen und kaltschlagen. Dann die Sahne steif schlagen und unter die Creme heben. In einer gefrierbeständigen Schüssel zugedeckt mindestens 3 Stunden lang gefrieren lassen.

ITALIENISCHER CAPPUCCINO-BECHER

Zubereiten **30** Min. Gefrieren **4** Std.

ITALIEN

- **Grundrezept Vanilleeis**

AUSSERDEM

- **200 ml kalter Espresso oder sehr starker Kaffee**
- **4 EL Amaretto (Mandellikör)**
- **125 g Schlagsahne**
- **1 Pck. Vanillezucker**
- **2 EL geröstete Mandelblättchen**
- **2 EL Schokoladen- oder Kakaopulver**

3 Den Espresso mit dem Amaretto vermischen. Die Sahne steif schlagen und mit dem Vanillezucker süßen.

4 Das Vanilleeis zu Kugeln formen, in hohe Gläser geben und mit Espresso übergießen. Sahne mit einem Spritzbeutel mit Sterntülle aufspritzen, Mandeln und Schokoladenpulver darüberstreuen.

BANANEN-EISBECHER

Zubereiten **30** Min. Gefrieren **4** Std.

DOMINICA

- **Grundrezept Vanilleeis**

AUSSERDEM
- **2 reife Bananen**
- **3 EL Zitronensaft**
- **125 g Schlagsahne**
- **4 EL Rum**
- **4 EL Schokoladensauce (Fertigprodukt)**
- **4 EL geröstete Kokosraspel**
- **Eiswaffeln**

3 Die Bananen schälen, in Scheiben schneiden und sofort mit Zitronensaft beträufeln. Die Sahne steif schlagen.

4 Das Eis zu Kugeln formen, mit den Bananen in Dessertkelche füllen und mit Rum beträufeln.

5 Die Sahne mit einem Spritzbeutel mit Sterntülle aufspritzen, Schokoladensauce und Kokosraspel daraufgeben. Die Eiswaffeln hineinstecken.

EISDESSERT ROMANOW

Zubereiten **30** Min. Gefrieren **4** Std.

RUSSLAND

- **Grundrezept Vanilleeis**

AUSSERDEM
- **500 g Erdbeeren**
- **4 EL Maraschino**
- **4 EL Weinbrand**
- **1 Prise gemahlener Anis**

3 Zum Servieren das Vanilleeis im Kühlschrank 15 Minuten antauen lassen.

4 Inzwischen die Erdbeeren waschen, putzen, kleinschneiden und in Dessertschälchen verteilen.

5 Maraschino, Weinbrand und Anis verquirlen. Das Vanilleeis cremig rühren und die Likörmischung unterrühren. Das Eis über die Erdbeeren geben und sofort servieren.

LEICHTES ERDBEERPARFAIT

SCHWEIZ

Frische Erdbeeren und eine halbgefrorene Creme aus Joghurt und Sahne werden abwechselnd in Gläser geschichtet. Ein Sahnehäubchen mit Walnüssen krönt das erfrischende Dessert.

ZUTATEN
(Für 4 Portionen)

- 500 g kleine Erdbeeren
- 1 Pck. Vanillezucker
- 1 EL Puderzucker
- 1 EL flüssiger Honig

FÜR DAS PARFAIT

- ½ unbehandelte Zitrone
- 300 g Joghurt
- 2 EL Puderzucker
- 200 g Schlagsahne

AUSSERDEM

- 100 g Schlagsahne
- 2 EL gehackte Walnüsse

ZUTATENTIP

Erdbeeren möglichst frisch verarbeiten, denn sie verlieren schnell an Aroma. Wer sie erst am nächsten Tag verwenden möchte, legt sie über Nacht ins Gemüsefach des Kühlschranks. Weiche Erdbeeren vorher aussortieren.

1 Die Erdbeeren waschen und gut trockenschütteln. 4 schöne Früchte mit ihrem Grün zum Garnieren beiseite legen. Die restlichen Beeren putzen und je nach Größe vierteln oder halbieren.

2 Vanillezucker, Puderzucker und Honig glattrühren. Die zerkleinerten Erdbeeren vorsichtig untermengen und zugedeckt für etwa 2 Stunden kalt stellen.

Schritt 2

3 Für das Parfait die Zitrone heiß abwaschen und abtrocknen. Die Schale fein abreiben, den Saft auspressen. Beides mit Joghurt und Puderzucker verrühren. Die Sahne steif schlagen und unterheben. In eine gefrierbeständige Schüssel füllen und zugedeckt 2 Stunden in das Gefriergerät stellen.

Schritt 3

4 Die halbgefrorene Joghurtcreme mit einem Pürierstab kräftig durchmixen. In einen Spritzbeutel mit Sterntülle füllen.

Schritt 4

5 Die Erdbeeren und die Creme abwechselnd in vier hohe Dessertgläser schichten, dabei jeweils mit Creme abschließen. Sahne steif schlagen. Mit den beiseite gelegten Erdbeeren, einem großen Tupfer Sahne und den gehackten Walnüssen garnieren.

Zubereiten **45** Min. Kühlen und Gefrieren **2** Std.

Pro Portion: 440 kcal/1800 kJ; 6 g EW; 30 g F; 33 g KH

TYPISCH SCHWEIZERISCH

Das Traditionsbewußtsein der Schweizer hat viel Schönes erhalten. So werden mancherorts noch volle Milchkannen mit Pferd und Wagen von der Alm zum Hof befördert. Und in liebevoll restaurierten, alten Landgasthöfen kann man dann Spezialitäten genießen, die aus besten Milchprodukten zubereitet wurden.

KOCHTIP

Die Joghurtcreme gefriert besonders schnell und gleichmäßig in einer Schüssel aus Metall, weil Metall die Kälte am besten leitet. Rühren Sie das Parfait alle 30 Minuten mit einer Gabel durch, bis die richtige, das heißt eine halbfeste Konsistenz erreicht ist.

SERVIERTIP

Das Erdbeerparfait macht sich gut als süße Nachspeise bei einem Sektfrühstück. Reichen Sie vorher Kanapees, köstliche, mundgerechte Weißbrotschnittchen, belegt mit Lachs, Käse und Schinken. Dazu gehört natürlich gekühlter Sekt oder Prosecco.

MOUSSE AU CHOCOLAT

FRANKREICH

Der himmlische Schokoladenschaum krönt als Dessert jedes Festtagsmenü und ist so zart, daß er auf der Zunge zergeht. Selbst Nachtischmuffel werden ihm nicht widerstehen können.

ZUTATEN
(Für 4 Portionen)

- 50 g weiche Butter
- 150 g Zartbitterschokolade
- 2 Eier und 3 Eiweiße, sehr frisch (siehe Küchen-Lexikon)
- 1-2 EL Zucker

AUSSERDEM

- weiße Schokoladenraspel

ZUTATENTIP

- So erkennen Sie, wie frisch Eier sind: Jedes Ei in ein Glas mit Wasser legen. Ist es ganz frisch, bleibt es am Boden liegen, ist es hingegen alt, steigt es nach oben.
- Für die Mousse nur beste Schokolade mit einem hohen Kakao-Anteil verwenden. Sie gibt dem Dessert sein tolles, fein-herbes Aroma.

1 Einen kleinen Topf mit etwas Butter ausstreichen. Die Schokolade in Stückchen brechen, hineingeben und bei sehr schwacher Hitze schmelzen lassen. Mit einem Holzlöffel gelegentlich umrühren.

2 Die restliche Butter dazugeben und gut mit der Schokolade verrühren.

3 Die Eier trennen. Die Eiweiße in eine hohe Rührschüssel geben und kalt stellen. Die Eigelbe mit einem Schneebesen unter die Schokoladenmasse rühren, so daß eine gleichmäßig vermischte Masse entsteht.

4 Wenn die Schokoladenmasse ganz abgekühlt ist, alle Eiweiße halbsteif schlagen. Den Zucker dazugeben und die Eiweiße sehr steif schlagen.

5 Den Eischnee nach und nach unter die Schokoladenmasse heben. Die Mousse in eine Schüssel füllen und mindestens für 3 Stunden kalt stellen.

6 Zum Servieren Nocken von der Mousse abstechen und diese mit den weißen Schokoladenraspeln bestreuen

Schritt 1

Schritt 5

Schritt 6

Zubereiten 25 Min. Kühlen 3 Std.
Pro Portion: 380 kcal/1600 kJ;
6 g EW; 27 g F; 31 g KH

TYPISCH FRANZÖSISCH

Mousse au chocolat gehört zu den heißgeliebten Desserts und darf in keinem französischen Restaurant fehlen. Sie ist fester Bestandteil des »Savoir vivre« der Franzosen. Eine echte Mousse au chocolat enthält weder Sahne noch Gelatine, sondern besteht vor allem aus Schokolade und viel Eischnee.

Kochtip

- Anstelle der 3 Eiweiße können Sie 150 g Schlagsahne verwenden. Erst die beiden Eiweiße (von den ganzen Eiern) und dann die Sahne steif schlagen. Beides nach und nach unterheben.
- Wer mag, rührt ein Gläschen Cognac unter die Schokoladen-Grundmasse.

Serviertip

Zum Garnieren eignen sich neben Schokoladenraspeln auch Puderzucker oder gehackte Pistazien. Nicht nur hübsche Dekoration, sondern auch harmonische Geschmacksergänzung zur Mousse sind etwas Orangenpüree und einige Orangenspalten

ELSÄSSISCHE HIMBEER-SOUFFLÉS

FRANKREICH

ZUTATEN

(Für 4 Portionen)

- 1 unbehandelte Zitrone
- 300 g Himbeeren
- 3 EL Zucker
- 1 Pck. gemahlene Gelatine
- 2 sehr frische, kleine Eier (siehe Küchen-Lexikon)
- 150 g saure Sahne
- 2 EL Orangenlikör

AUSSERDEM

- Alufolie
- 75 g Schlagsahne
- 1 TL Vanillezucker

ZUTATENTIP

- Wenn Sie tiefgefrorene Himbeeren verwenden, sollten Sie die Früchte zugedeckt im Kühlschrank oder in der Mikrowelle auftauen lassen.
- Statt gemahlener Gelatine können Sie auch Blattgelatine (6 Blatt) nehmen: Diese einweichen und tropfnaß im Wasserbad auflösen.

Diese hübsch anzuschauenden Soufflés kommen nicht aus dem Ofen, sondern aus dem Kühlschrank. Etwas Orangenlikör verleiht der kühlen Himbeercreme den besonderen Pfiff.

1 Die Zitrone heiß waschen, abtrocknen, Schale abreiben und Saft auspressen. Die Himbeeren mit Saft, Schale und 1 EL Zucker mischen. Gelatine mit 4 EL kaltem Wasser anrühren und 10 Minuten quellen lassen.

2 Eier trennen. Eigelbe mit 2 EL Zucker und 2 EL heißem Wasser in einer Schüssel über einem warmen Wasserbad hell-cremig aufschlagen. Vom Wasserbad nehmen, saure Sahne und Orangenlikör unterrühren.

3 Einige Himbeeren beiseite legen, die restlichen pürieren, durch ein Sieb streichen und unter die Creme rühren. Die Gelatine im warmen Wasserbad auflösen und tropfenweise unter die Creme rühren. Die Eiweiße steif schlagen und unterheben.

4 Vier breite Streifen Alufolie doppelt legen und als Manschette um kleine Souffléförmchen befestigen. Die Creme hineingeben und 2 Stunden kalt stellen.

5 Zum Servieren die Alufolie vorsichtig lösen. Die Sahne steif schlagen, mit Vanillezucker süßen und als Tupfen auf die Soufflés spritzen. Mit den beiseite gestellten Himbeeren garnieren.

Schritt 2

Schritt 3

Schritt 4

Zubereiten **50** Min. Kühlen **2** Std.

Pro Portion: 240 kcal/1000 kJ;
12 g EW; 13 g F; 20 g KH

TYPISCH ELSÄSSISCH

Im »Paradies der Feinschmecker« – wie das Elsaß auch respektvoll genannt wird – legt man schon seit jeher viel Wert auf gutes Essen. Nirgendwo vergibt der Guide Michelin, der berühmte französische Restaurantführer, so viele Sterne für exquisite Küche wie hier.

Kochtip

- So bildet die Gelatine garantiert keine Klümpchen: Erst etwas Fruchtcreme mit der aufgelösten Gelatine verrühren, dann diese Mischung langsam unter die restliche Fruchtcreme rühren.
- Wem es zuviel Arbeit ist, Alu-Manschetten herzustellen, der füllt die Förmchen ganz einfach nur bis zu ihrem Rand. Es sind dann jedoch 5 Förmchen nötig.

Serviertip

Das Dessert in einer großen Form zubereiten und mit einem Löffel Nocken ausstechen. Auf einem Teller ein dekoratives Muster aus dunkler und weißer Schokoladensauce ziehen. Die Nocken mit einigen Himbeeren darauf anrichten.

KLASSISCHE CRÈME BRÛLÉE

FRANKREICH

ZUTATEN
(Für 6 Portionen)

- 2 Vanilleschoten oder 2 TL gemahlene Vanille
- 300 g Schlagsahne
- 1 Prise Salz
- 2 Eigelbe und 2 kleine Eier, sehr frisch (siehe Küchen-Lexikon)
- 30 g Zucker

FÜR DEN KARAMEL

- 40 g Zucker

ZUTATENTIP

Für eine kalorienärmere Variante können Sie die Schlagsahne durch Vollmilch ersetzen. Fettarme Milch sollten Sie nicht verwenden, da die Creme sonst deutlich an Geschmack verliert – denn Fett ist ein guter Träger für Aromastoffe.

Eine zartgelbe, mit Vanille gewürzte Sahne-Eier-Creme ist von goldfarben karamelisiertem Zucker überzogen – Ihre Gäste werden von dieser französischen Spezialität begeistert sein.

1 Den Backofen auf 175 °C vorheizen. Einen großen Bräter mit geradem Boden etwa 3 cm hoch mit heißem Wasser füllen und in den Ofen stellen.

2 Die Vanilleschoten längs aufschlitzen und das Mark herauskratzen. Die Schoten, das Mark, die Sahne und das Salz in einem Topf aufkochen lassen.

Schritt 2

3 Die Eigelbe mit den ganzen Eiern und den 30 g Zucker leicht cremig rühren. Unter ständigem Schlagen die heiße Sahne dazugießen. Die Vanilleschoten entfernen.

Schritt 3

4 Die Eiersahne in sechs feuerfeste Förmchen (etwa ⅛ l Inhalt) gießen. In den Bräter mit dem heißen Wasser stellen und im Ofen in etwa 30 Minuten stocken lassen (Gas 2; Umluft 150 °C). Herausnehmen und etwas abkühlen lassen.

5 Den Grill des Backofens aufheizen. Den Bräter 3 cm hoch mit kaltem Wasser füllen. Die 40 g Zucker auf die Creme streuen und im Bräter auf die oberste Schiene in den Ofen stellen. Den Zucker in 3-5 Minuten karamelisieren lassen. Abkühlen lassen und in den Förmchen servieren.

Schritt 5

Vorbereiten 20 Min. Garen 35 Min.
Pro Portion: 380 kcal/1600 kJ;
8 g EW; 30 g F; 20 g KH

TYPISCH PARIS

Ihren Ursprung hat die Crème brûlée in den vornehmen Pariser Häusern, in denen die »Haute Cuisine«, die feine französische Kochkunst, gepflegt wurde. Doch schon nach kurzer Zeit eroberte sie die gesamte französische Küchenlandschaft, und bis heute zählt die Eiercreme zu den begehrtesten Desserts.

Kochtip

Für die ebenfalls berühmte Crème au caramel wird zuerst Karamel (dazu 50 g Zucker in einem kleinen Topf schmelzen lassen, bis er goldgelb wird) in die Förmchen gegossen, darauf kommt dann die Sahne-Mischung. Nach dem Stocken im Wasserbad läßt man die Creme in den Förmchen erkalten und stürzt sie.

Serviertip

Reichen Sie als Vorspeise eine feine Pastete mit etwas Salat, danach Hühnerkeule mit Spargel und als Abschluß Crème brûlée – fertig ist das typische Pariser Menü. Ein edelsüßer Weißwein, etwa ein Sauternes, rundet das Festmahl ab.

MARMORIERTE ERDBEERMOUSSE

FRANKREICH

Schlemmen auf französische Art: Lockere Vanillecreme und leckeres Erdbeerpüree gehen eine raffinierte, farbenfröhliche Verbindung ein. Lassen Sie sich vom Geschmack überraschen.

ZUTATEN

(Für 4 Portionen)

- 1 Vanilleschote
- ¼ l Milch
- 6 Blatt weiße Gelatine
- 4 sehr frische Eigelbe (siehe Küchen-Lexikon)
- 80 g Puderzucker
- 200 g Schlagsahne
- 250 g Erdbeeren

AUSSERDEM

- 8 Erdbeeren
- einige Blättchen Pfefferminze (siehe Zutatentip)

ZUTATENTIP

- Statt der Erdbeeren eignen sich ebenso gut Himbeeren, Brombeeren oder eine bunte Waldbeerenmischung – auch aus der Tiefkühltruhe.
- Zum Garnieren frische Pfefferminze vom Markt oder aus Gemüsegeschäften verwenden. Sie hält sich 1-2 Tage im Kühlschrank frisch.

1 Die Vanilleschote aufschlitzen und das Mark herauskratzen. Schote und Mark mit der Milch aufkochen. Einmal 4 Blatt und einmal 2 Blatt Gelatine in Wasser einweichen.

2 Die Eigelbe mit dem Puderzucker über einem heißen Wasserbad hell-schaumig aufschlagen. Die Vanilleschote aus der heißen Milch entfernen, diese nach und nach unter kräftigem Rühren zur Eigelbcreme gießen. So lange rühren, bis eine dickliche Creme entstanden ist.

3 Die 4 Blatt Gelatine in der heißen Eiercreme auflösen. Kalt stellen, bis die Creme zu gelieren beginnt. Die Sahne steif schlagen und unter die Creme heben.

4 Erdbeeren waschen, putzen und pürieren. Die 2 Gelatineblätter bei schwacher Hitze in einem kleinem Topf auflösen und tropfenweise unter das Püree rühren.

5 Die Hälfte der Vanillecreme in eine Schüssel geben. Das Erdbeerpüree mit der restlichen Creme verrühren, über die Vanillecreme geben und beide Cremes leicht vermengen. Zugedeckt 3 Stunden kalt stellen, mit Erdbeeren und Minze garnieren.

Schritt 1

Schritt 4

Schritt 5

Zubereiten 45 Min. Kühlen 3 Std.

Pro Portion: 400 kcal/1700 kJ; 11 g EW; 25 g F; 33 g KH

TYPISCH BRETONISCH

Wunderbar aromatische Erdbeeren gedeihen in der Bretagne, im äußersten Westen Frankreichs. Im Mai und Juni gelangen große Mengen auf alle Märkte der Region, und es entstehen die köstlichsten Desserts und Kuchen aus den wohlschmeckenden Beeren.

Kochtip

- Das Fruchtpüree leicht erwärmen, dann die Gelatine unterrühren – so gibt es keine Klümpchen
- Für eine gelungene Marmorierung sollten die beiden Cremesorten nicht zu stark miteinander verrührt werden. Dazu am besten einen Kochlöffelstiel mehrmals leicht durch die geschichtete Creme ziehen.

Serviertip

Vor der bretonischen Erdbeermousse schmeckt ein leichtes, absolut köstliches Gericht: Seezunge in Weißwein-Petersilien-Sauce, dazu etwas Baguette und ein Gläschen französischer Weißwein.

Serviertip Eine köstliche Alternative: Füllen Sie die Rhabarber-Erdbeer-Creme in Pfannkuchen und rollen Sie diese auf. Darüber geben Sie eine Sauce aus pürierten Erdbeeren und einige ganze Früchte.

Rhabarber-Erdbeer-Becher

Deutschland

Eine milde, süße Sahne-Quark-Creme ergänzt wunderbar die feine Säure des frisch gekochten Rhabarber-Kompotts. Frische Erdbeeren sorgen für geschmackliche Abrundung.

ZUTATEN
(Für 4 Portionen)

FÜR DAS KOMPOTT
- 500 g Rhabarber
- 150 ml Orangensaft
- 75 g Zucker
- ½ TL gemahlener Zimt
- 1-2 TL Speisestärke
- 250 g Erdbeeren

FÜR DIE CREME
- 200 g Quark
- 1 Pck. Vanillezucker
- 1 EL Zucker
- 100 g Schlagsahne

AUSSERDEM
- 4 Erdbeeren mit Stiel

Zutatentip
Es gibt roten und grünen Rhabarber. Besonders aromatisch und mild schmeckt rotstieliger Rhabarber mit grünem Fruchtfleisch, der sogenannte Himbeer-Rhabarber.

1 Den Rhabarber waschen und putzen. Die Blätter abschneiden und die Schale von den Stangen sorgfältig abziehen. Die Stangen in 1-2 cm lange Stücke schneiden.

2 Den Rhabarber mit dem Orangensaft, dem Zucker und dem Zimtpulver in einen Topf geben. Aufkochen lassen, dann gut zugedeckt etwa 2 Minuten bei schwacher Hitze köcheln lassen.

3 Die Speisestärke mit 1 EL kaltem Wasser in einer Tasse glattrühren, zu den Rhabarberstücken in den Topf gießen und das Kompott noch einmal aufkochen lassen. Vom Herd nehmen und abkühlen lassen.

4 Für die Creme den Quark mit dem Vanillezucker und dem Zucker süßen. Die Sahne steif schlagen und locker unter den Quark heben.

5 Die Erdbeeren waschen, halbieren und mit der Quarkcreme unter das Rhabarberkompott heben. Die Creme in hohe Dessertkelche füllen und 1 Stunde kalt stellen. Zum Servieren jeweils eine Erdbeere mit Blattstiel auf die Creme setzen.

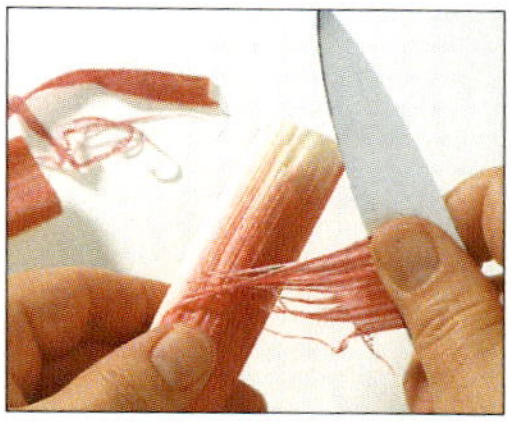

Schritt 1

Schritt 2

Schritt 5

Zubereiten **40** Min. Kühlen **1** Std.
Pro Portion: 260 kcal/1100 kJ;
9 g EW; 9 g F; 41 g KH

Typisch deutsch
Von April bis Juli ist Saison für frischen Rhabarber aus heimischer Ernte. Er wird seit gut 200 Jahren bei uns angepflanzt: Ein Händler brachte die ersten sauren Stangen aus England mit, und bald schon wuchsen sie in fast jedem Garten.

Halbgefrorene Vanillecreme mit Himbeerpüree

Deutschland

Die klassische Bayerische Creme wird – und das ist neu an diesem Rezept – halbgefroren mit warmem Himbeerpüree serviert. Ein Genuß, nicht nur unter weiß-blauem Himmel.

ZUTATEN

(Für 4-6 Portionen)

- 4 Blatt weiße Gelatine
- ¼ l Milch
- 2 TL gemahlene Vanille
- 4 sehr frische Eigelbe (siehe Küchen-Lexikon)
- 75 g Zucker
- 200 g Schlagsahne

FÜR DAS HIMBEERPÜREE

- 300 g Himbeeren
- 3 EL Puderzucker
- 2 EL Orangenlikör

NACH BELIEBEN

- Orangenscheiben zum Garnieren

Zutatentip

Das Himbeerpüree läßt sich gut aus tiefgefrorenen Beeren zubereiten. Anstelle des Orangenlikörs können Sie auch Orangensaft unter das Himbeerpüree rühren - dann müssen Kinder nicht auf die fruchtige Sauce verzichten.

1 Die Gelatine in kaltem Wasser einweichen. Die Milch mit der Vanille aufkochen und vom Herd nehmen. Die Eigelbe in einer Wasserbadschüssel mit dem Zucker verquirlen. In einen Topf mit köchelndem Wasser stellen und die Masse in etwa 5 Minuten mit einem Schneebesen schaumig aufschlagen.

2 Nach und nach die heiße Vanillemilch unter den Eierschaum schlagen, bis eine dickflüssige Creme entstanden ist. Vom Wasserbad nehmen. Die Gelatine leicht ausdrücken und unterrühren.

3 Die Creme kalt stellen, bis sie zu gelieren beginnt. Die Sahne steif schlagen und unterheben. In eine gefrierbeständige Schüssel umfüllen und 3 Stunden in das Tiefkühlgerät stellen.

4 Die Himbeeren waschen, verlesen und durch ein feines Sieb in einen kleinen Topf streichen. Den Puderzucker und den Orangenlikör unterrühren.

5 Zum Servieren das Himbeerpüree leicht erwärmen. Die Vanillecreme auf eine Servierplatte stürzen, das Püree darüber träufeln. Nach Belieben mit Orangen garnieren.

Schritt 2

Schritt 4

Schritt 5

Zubereiten **50** Min. Gefrieren **3** Std.
Pro Portion: 430 kcal/1800 kJ;
11 g EW; 25 g F; 40 g KH

Typisch bayerisch

Als »Crème bavaroise« hat die »Bayerische Creme« Einzug in die internationale Küche gehalten. Kreiert wurde die Eiercreme mit der samtig-zarten Konsistenz in Bayern. Das Rezept schreibt man allerdings einem französischen Koch zu, der in dem ehemaligen Königreich in Lohn und Brot stand.

KOCHTIP

Bayerische Creme läßt sich auf vielfältige Weise abwandeln: Für eine Haselnußcreme 100 g gemahlene Haselnüsse anrösten und vor der Sahne unter die Creme rühren. Oder für Orangencreme statt der Vanille abgeriebene Schale und Saft einer ungespritzten Orange mit Eigelben und Zucker verrühren.

SERVIERTIP

Die Vanillecreme in Portionsförmchen gefrieren. Das Himbeerpüree auf Teller geben und je einen Löffel halbsteif geschlagene Sahne in die Mitte setzen. Mit einem Löffelstiel Sahne und Püree dekorativ ineinander ziehen. Creme in die Mitte stürzen.

HOLLÄNDISCHE VANILLE-JOGHURT-CREME

NIEDERLANDE

Kleiner Aufwand, große Wirkung: Die schaumige Vanillecreme aus Joghurt, Sahne und Eischnee, serviert mit fein-herbem Johannisbeerpüree, läßt alle süßen Herzen höher schlagen.

ZUTATEN
(Für 4 Portionen)

FÜR DIE CREME
- 4 Blatt weiße Gelatine
- ½ unbehandelte Orange
- 200 g Joghurt
- 2 EL Puderzucker
- 1 Pck. Vanillezucker
- 2 frische Eiweiße (siehe Küchen-Lexikon)
- 100 g Schlagsahne

FÜR DAS PÜREE
- 250 g schwarze Johannisbeeren
- 1 EL Puderzucker
- 2 EL Crème de Cassis (siehe Zutatentip)

AUSSERDEM
- einige Johannisbeerrispen
- etwas Zitronenmelisse

ZUTATENTIP
Crème de Cassis, der schwarze Johannisbeerlikör, läßt sich durch Orangenlikör ersetzen.

1 Gelatine in kaltem Wasser einweichen. Die Orange heiß abwaschen, abtrocknen, die Schale abreiben und den Saft auspressen.

2 Joghurt, Puderzucker, Vanillezucker, Orangenschale und -saft verquirlen. Die Gelatine leicht ausdrücken, in einem kleinen Topf bei schwacher Hitze auflösen und tropfenweise unter den Joghurt rühren.

Schritt 2

3 Die Eiweiße und die Sahne getrennt steif schlagen. Erst die Sahne, dann den Eischnee locker unter den Joghurt heben. Die Creme in eine eckige Schüssel (etwa 15 x 25 cm groß) füllen, glattstreichen und zugedeckt für 2 Stunden kalt stellen.

Schritt 4

4 Für das Püree die Johannisbeeren waschen, verlesen und mit einer Gabel von den Stielen streifen. Durch ein feines Sieb streichen, mit Puderzucker und Crème de Cassis verrühren und kalt stellen.

5 Zum Servieren die Creme an den Rändern der Form mit einem Messer lösen. Auf eine Platte stürzen und in vier Stücke schneiden. Auf Teller heben und mit Johannisbeerpüree, Beeren und Zitronenmelisse garnieren.

Schritt 5

Zubereiten 30 Min. Kühlen 2 Std.
Pro Portion: 200 kcal/830 kJ;
3 g EW; 10 g F; 24 g KH

TYPISCH NIEDERLANDE
Das ländlich geprägte Holland erwirtschaftet größtenteils Milch, denn die saftigen Wiesen bieten beste Voraussetzungen für Weidevieh. Neben dem berühmten holländischen Käse entstehen aus der frischen Milch auch Sahne und Joghurt von bester Qualität – und daraus natürlich köstliche Desserts.

Kochtip

- Die Sahne und den Eischnee ganz locker mit einem Schneebesen unter den Joghurt heben, auf keinen Fall kräftig rühren – nur so gelingt die Creme luftig.
- Mit einem Pürierstab läßt sich das Johannisbeerpüree schneller zubereiten: Die Beeren erst pürieren, dann durch ein feines Sieb streichen.

Serviertip

Eiskaffee und Kekse – die Niederländer sind Meister im Backen und Verzehren knuspriger Mürbeteigkekse – schmecken wunderbar zu der leichten Creme. Vorweg paßt ein Kalbfleischgericht mit zartem Gemüse und jungen Kartoffeln.

GESTREIFTE SCHOKOMOUSSE »BLACK & WHITE«

GROSSBRITANNIEN

ZUTATEN
(Für 8 Portionen)

FÜR DIE DUNKLE MOUSSE
- 100 g Mokkaschokolade
- 125 g Schlagsahne
- 2 sehr frische Eier (siehe Küchen-Lexikon)
- 4 EL Zucker
- 2 EL Portwein

FÜR DIE WEISSE MOUSSE
- 2 Blatt weiße Gelatine
- 100 g weiße Schokolade
- 125 g Schlagsahne
- 2 sehr frische Eier
- 2 EL Zucker
- 2 EL Orangenlikör

AUSSERDEM
- Schokoladenblätter (Fertigprodukt)
- 2 TL Kakaopulver

ZUTATENTIP
Anstatt mit Alkohol kann man die dunkle Mousse mit 2 EL Kaffee, die weiße Mousse mit 2 EL Orangensaft verfeinern.

Einfach raffiniert: Zuerst geliert eine Schicht aus brauner Portwein-Schokocreme in der Form, darüber dann eine zweite Creme aus weißer Schokolade mit Orangenlikör.

1 Mokkaschokolade hacken, mit 5 EL Sahne in einer Schüssel über einem warmen Wasserbad schmelzen. Eier trennen. Eigelbe, Zucker, 2 EL heißes Wasser in einer weiteren Schüssel über dem Wasserbad cremig schlagen. Schokolade und Portwein unterrühren.

Schritt 1

2 Eiweiße und restliche Sahne getrennt steif schlagen, unterheben. In eine runde Schüssel mit geradem Boden füllen. Im Kühlschrank 2 Stunden festwerden lassen.

Schritt 3

3 Für die weiße Mousse Gelatine einweichen. Weiße Schokolade hacken, mit 5 EL Sahne über dem Wasserbad schmelzen. Eier trennen. Eigelbe, Zucker und 2 EL heißes Wasser über dem Wasserbad cremig schlagen. Gelatine ausdrücken, auflösen. Gelatine, Schokolade und Likör unterrühren.

Schritt 4

4 Eiweiße und restliche Sahne getrennt steif schlagen, unterheben. Die weiße Mousse auf die dunkle streichen und zugedeckt erneut 2 Stunden kalt stellen.

5 Vorsichtig aus der Schüssel heben und mit einem angefeuchteten Messer in Tortenstücke schneiden. Mit Schokoladenblättern verzieren und Kakao darübersieben.

Zubereiten **40** Min. Kühlen **4** Std.
Pro Portion: 360 kcal/1500 kJ;
6 g EW; 22 g F; 31 g KH

TYPISCH BRITISCH
»Schokoladenhäuser« waren vor fast 300 Jahren in London die absolute Attraktion: Sie boten hauptsächlich heiße und kalte Kakaogetränke an – für die damalige Zeit ein neuartiger Genuß. Die Vorliebe der Briten für Kakao und Schokolade hat sich bis heute erhalten.

Kochtip

So stellen Sie selbst dekorative Schokoblätter her: Echte Blätter, wie Lorbeer- oder Rosenblätter, auf einer Seite mit geschmolzener Schokolade bestreichen. Festwerden lassen und die Blätter vorsichtig abziehen. Gelingt am besten mit einer Mischung aus Kuvertüre und Schoko-Fettglasur (Fertigprodukt).

Serviertip

Dekorieren Sie die Portionsstücke auf Tellern mit selbstgemachten Schokoladenblättern oder mit Schokoraspeln. Reichen Sie eventuell zusätzlich ausgewählte Schokoladenpralinen – die kleine Extra-Portion für große Naschkatzen.

SERVIERTIP Köstlich zu dem Johannisbeer-Schokoladen-Trifle schmeckt ein aromatisierter Johannisbeertee. Für Schleckermäulchen noch einige hauchdünne Schokoladentäfelchen dazulegen!

Johannisbeer-Schokoladen-Trifle

Eine besonders üppige Kreation von den Britischen Inseln: Feine Sherry-Sahnecreme und rote Johannisbeeren werden mit lockerem Schokoladenbiskuit aufs köstlichste kombiniert.

GROSSBRITANNIEN

ZUTATEN
(Für 8 Portionen)

FÜR DEN BISKUIT
- 3 kleine Eier
- 50 g Zucker
- 40 g Speisestärke
- 40 g Mehl
- 2 EL Kakaopulver

FÜR DIE SHERRYCREME
- 4 Blatt weiße Gelatine
- 2 sehr frische Eier (siehe Küchen-Lexikon)
- 2 EL Puderzucker
- 75 ml halbtrockener Sherry
- 200 g Schlagsahne

AUSSERDEM
- 500 g rote Johannisbeeren
- 2 Pck. Vanillezucker
- 150 g Schlagsahne
- 4 Schokoladentäfelchen

ZUTATENTIP
Wer wenig Zeit hat, kann auf einen fertig gekauften Biskuitboden zurückgreifen.

1 Den Backofen auf 200 °C vorheizen. Für den Biskuit Eier, Zucker und 2 EL heißes Wasser dickschaumig aufschlagen. Stärke, Mehl und Kakao darübersieben und locker unterheben. Den Boden einer Springform mit 20 cm Durchmesser leicht fetten. Den Teig hineingeben und 15 Minuten backen (Gas 3; Umluft 180 °C). Auskühlen lassen.

2 Für die Sherrycreme die Gelatine einweichen. Eier trennen. Eigelbe, Puderzucker und 2 EL warmes Wasser über einem warmen Wasserbad dickcremig aufschlagen. Den Sherry nach und nach unterschlagen.

3 Die Gelatine tropfnaß in der Creme auflösen. Vom Wasserbad nehmen und kaltrühren. Eiweiße und Sahne getrennt steif schlagen und unter die kalte Creme heben.

4 Die Johannisbeeren waschen, mit einer Gabel von den Rispen streifen und mit Vanillezucker mischen.

5 Biskuit in Würfel schneiden, mit den Johannisbeeren und der Creme in eine Schüssel schichten, 2 Stunden kalt stellen. Sahne steif schlagen. Creme mit Sahne und halbierten Schokoladentäfelchen verzieren.

Schritt 1

Schritt 4

Schritt 5

Zubereiten **50** Min. Backen **15** Min.
Kühlen **2** Std.

Pro Portion: 310 kcal/1300 kJ;
8 g EW; 18 g F; 29 g KH

TYPISCH MITTELENGLAND
Das erste Trifle entstand im vorigen Jahrhundert in Mittelengland. Die Bewohner dieser Region verfügen über einen reichen Schatz an »süßen Rezepten« aus Großmutters Zeiten – Trifles in vielen Variationen gehören nach wie vor zu den beliebtesten Spezialitäten.

Erdbeercreme-Terrine »Daisy«

GROSSBRITANNIEN

ZUTATEN
(Für 6 Portionen)

- 6 Blatt weiße Gelatine
- 100 g weiße Kuvertüre (siehe Zutatentip)
- 200 ml Milch
- ½ unbehandelte Zitrone
- 250 g Erdbeeren
- ½ Pck. Vanillezucker
- 1 EL Zucker
- 200 g Schlagsahne

AUSSERDEM

- 125 g Schlagsahne
- ½ Pck. Vanillezucker
- 100 g Erdbeeren

Zutatentip

• Weiße Schokolade, die fettärmer und weniger cremig als Kuvertüre ist, eignet sich ebenso für die Terrine.
• Statt frischer Erdbeeren können Sie tiefgefrorene verwenden – oder probieren Sie das Dessert mit Himbeeren oder gemischten Waldbeeren.

Pürierte Erdbeeren, weiße Schokolade, Milch und Sahne gelieren in einer Terrinenform zu einer schnittfesten Creme – ein schöner Blickfang, der weniger Zeit braucht als gedacht.

1 Die Gelatine etwa 10 Minuten in reichlich kaltem Wasser einweichen.

2 Die Kuvertüre oder Schokolade grob hacken, mit der Milch in einen kleinen Topf geben und unter häufigem Rühren bei schwacher Hitze schmelzen lassen.

3 Die Zitrone heiß abwaschen und abtrocknen. Die Schale fein abreiben und den Saft auspressen. Die Erdbeeren waschen, putzen und mit dem Vanillezucker und dem Zucker pürieren. Das Püree mit Zitronensaft und -schale verfeinern.

4 Die Gelatine leicht ausdrücken und in der heißen Schokoladenmilch auflösen. Die Milch mit dem Erdbeerpüree verrühren. Die 200 g Sahne steif schlagen und unterheben. Die Creme in eine Terrinenform (1 l Inhalt) füllen und mindestens 3 Stunden kalt stellen und gelieren lassen.

5 Zum Servieren die Creme aus der Form stürzen. Die 125 g Sahne steif schlagen und mit Vanillezucker süßen. Die Erdbeeren putzen. Die Terrine mit Sahnetupfen und Erdbeeren verzieren.

Schritt 3

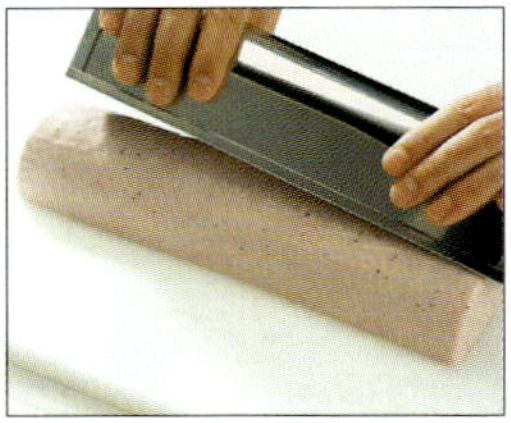

Schritt 5

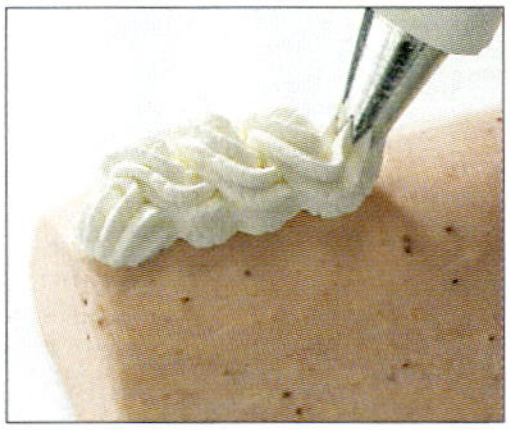

Schritt 5

Zubereiten **30** Min. Kühlen **3** Std.
Pro Portion: 310 kcal/1300 kJ;
4 g EW; 24 g F; 23 g KH

Typisch Cambridge

Rund um die englische Universitätsstadt Cambridge gedeihen im warmen Klima auf fruchtbarem Boden neben Gemüse vor allem saftigsüße Erdbeeren. Das Leben in der kleinen Stadt prägen die vielen Studenten der Colleges, die sich im Sommer ihre Zeit mit Rudern und Stocherkahnfahren vertreiben.

KOCHTIP

Zum Stürzen der Creme eine Servierplatte auf die Form legen und beides zusammen umdrehen. Vor dem Auslösen ein warmes Tuch auf die Terrinenform legen. Oder: Die Form vor dem Füllen mit Klarsichtfolie auslegen. Die Folie dazu etwas anfeuchten, dann haftet sie gut und schmiegt sich glatt an.

SERVIERTIP

Erdbeeren und Kiwis sind eine unschlagbare Kombination. Reichen Sie zu der Terrine eine Kiwisauce – geschälte Kiwis mit etwas Zitronensaft pürieren – und garnieren Sie die Teller mit Kiwischeiben. Tee rundet das Dessert ab.

Baiser mit Zitronenquark und Beeren

Schweden

ZUTATEN

(Für 4 Portionen)

- 2 Eiweiße
- 100 g Puderzucker
- 2 EL Zitronenmarmelade
- 2 EL Quark
- 100 g Schlagsahne
- 1 TL Vanillezucker
- 75 g Himbeeren
- 75 g Brombeeren

AUSSERDEM

- Zitronenmelisse zum Garnieren (nach Belieben)
- etwas Puderzucker zum Bestäuben

Zutatentip

- Die Zitronenmarmelade können Sie durch Orangenmarmelade oder Beerenkonfitüre ersetzen.
- Statt Himbeeren und Brombeeren passen auch kleine Walderdbeeren, Johannisbeeren oder Heidelbeeren zu den Baisertörtchen.

Zartes Baiser, gefüllt mit fruchtigem Zitronenquark, gekrönt von einem Sahne-Beeren-Häubchen – die süßen Törtchen sind ein herrliches Dessert für die Sommermonate!

1 Die Eiweiße mit dem Puderzucker in einer Metallschüssel über einem heißen Wasserbad schlagen, bis die Masse Spitzen zieht. Die Schüssel vom Wasserbad nehmen und die Baisermasse kaltschlagen.

Schritt 1

2 Den Backofen auf 100 °C vorheizen. Auf Backpapier 8 Kreise mit 6 cm Durchmesser markieren. Das Papier mit dieser Seite nach unten auf das Backblech legen. Baisermasse in einen Spritzbeutel mit kleiner, glatter Tülle füllen und spiralförmig von innen nach außen auf die Kreise spritzen.

Schritt 2

3 Die Baiserkreise im Ofen (Gas und Umluft niedrigste Stufe) bei leicht geöffneter Ofentür 90 Minuten backen.

4 Die Marmelade mit dem Quark glattrühren. Die Sahne steif schlagen und mit dem Vanillezucker süßen. Die Beeren waschen und verlesen.

5 Die Hälfte der Baisertörtchen mit Zitronenquark bestreichen, die anderen 4 Baisertörtchen darauflegen. Die Sahne und die Beeren dekorativ darauf verteilen. Zum Servieren mit Zitronenmelisse verzieren und ganz leicht mit Puderzucker bestäuben.

Schritt 5

Zubereiten **40** Min. Backen **90** Min.

Pro Portion: 240 kcal/1000 kJ;
4 g EW; 8 g F; 37 g KH

Typisch schwedisch

Wenn im Hochsommer in den schwedischen Gärten die Früchte reifen, steht einem ausgiebigen Mittsommernachtsfest nichts mehr im Wege. Bei dieser Gelegenheit genießen die Schweden viele warme und kalte Delikatessen, darunter zahlreiche cremig-süße Köstlichkeiten mit frischen Beeren.

KOCHTIP

Baiser sollte auf niedrigster Stufe im Ofen mehr getrocknet als gebacken werden. Die Oberfläche muß hell bleiben. Einen Kochlöffelstiel zwischen Ofen und Ofentür klemmen, damit die Feuchtigkeit entweichen kann. Die ungefüllten Baisers lassen sich etwa 3 Wochen luftdicht verschlossen lagern.

SERVIERTIP

Bieten Sie als Durstlöscher ein Getränk aus Beerensirup an: Den Sirup einfach mit kaltem Wasser aufgießen und mit einer Zitronenscheibe dekorieren. Köstlich schmeckt zum Dessert auch ein Kaffee.

»CHARLOTTE RUSSE« MIT APFEL-QUARK-CREME

RUSSLAND

Am liebsten möchte man die Creme mit dem dichten Kranz aus leichten Löffelbiskuits sofort genießen, doch die »Charlotte« braucht ihre Zeit: Sie muß einige Stunden im Kalten stehen.

ZUTATEN
(Für 8 Portionen)

- 400 g säuerliche Äpfel
- 2 EL Zitronensaft
- 100 g Zucker
- 4 Blatt weiße Gelatine
- 2 sehr frische Eigelbe (siehe Küchen-Lexikon)
- 100 ml Apfelsaft
- 500 g Quark
- 200 g Schlagsahne

AUSSERDEM

- 75 g Aprikosenkonfitüre
- 100 g Löffelbiskuits
- 100 g Schlagsahne
- 1 kleiner rotschaliger Apfel
- 1 EL Zitronensaft

ZUTATENTIP

- Säuerliche Äpfel, wie Boskoop oder Cox Orange, eignen sich besonders gut.
- Wer es nicht ganz so üppig mag, ersetzt einen Teil der Schlagsahne durch die entsprechende Menge Quark.

1 Äpfel schälen, das Kerngehäuse entfernen. Äpfel in Würfel schneiden, mit 2 EL Zitronensaft und 2 EL Zucker in einem Topf 5 Minuten köcheln lassen. Abkühlen lassen.

2 Gelatine einweichen. Eigelbe mit Apfelsaft und übrigem Zucker über heißem Wasserbad dickschaumig aufschlagen. Gelatine ausdrücken und in der Creme auflösen.

3 Die Äpfel und den Quark unter die Creme rühren. Die Creme 1 Stunde kalt stellen, bis sie zu gelieren beginnt.
Die Sahne steif schlagen und unterheben. Zugedeckt erneut 1 Stunde kalt stellen.

4 Den Rand einer Springform mit etwa 20 cm Durchmesser mit Konfitüre bestreichen. Die Biskuits vorsichtig mit einem Sägemesser längs halbieren und mit den Schnittflächen an den Rand der Form drücken. Die Quarkmischung in die Form füllen. Mindestens 3 Stunden kalt stellen.

5 Zum Servieren die Sahne steif schlagen. Den Apfel in Spalten schneiden und mit 1 EL Zitronensaft beträufeln. Den Springformrand vorsichtig lösen, die Charlotte mit Sahnetupfen und Apfelspalten verzieren.

Schritt 1

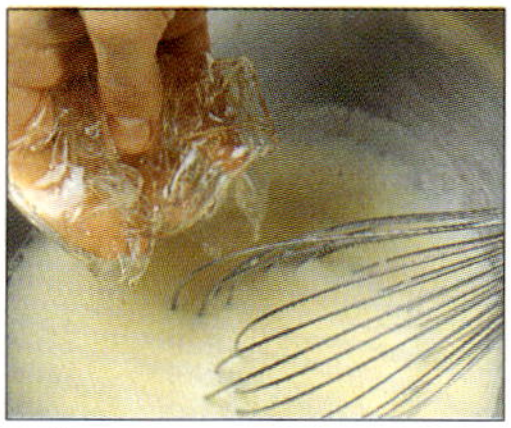

Schritt 2

Schritt 4

Zubereiten **1** Std. Kühlen **5** Std.
Pro Portion: 310 kcal/1300 kJ; 12 g EW; 11 g F; 41 g KH

TYPISCH RUSSISCH

Die »Charlotte Russe« oder »Charlottka«, wie sie in ihrer Heimat genannt wird, wurde im vergangenen Jahrhundert vom französischen Koch des Zaren Alexander I. in Petersburg erfunden. In der Zwischenzeit entstanden viele Varianten – alle mit einem Mantel aus zartem Biskuit und einer üppigen Füllung.

Kochtip

- Um die Charlotte schön und unbeschädigt aus der Form zu bekommen, sollten Sie vor dem Öffnen der Springform den Rand behutsam mit einem spitzen Messer ablösen.
- Für eine leckere Variante können Sie die Biskuithälften mit etwas Rum oder Wodka beträufeln.

Serviertip

Ein Apfeltee ist der passende Begleiter: Für 8 Portionen 4 TL schwarzen Tee mit 2 EL Apfelmus, 1 Prise Zimt und nach Belieben Zucker mit 800 ml Wasser aufbrühen und etwa 4 Minuten ziehen lassen. In eine Kanne abseihen und servieren.

PROFITEROLES 3 x ANDERS

Zarte Brandteighüllen erhalten ganz unterschiedliche Füllungen: Erdbeer-Quark, Schokoladencreme oder Waldbeeren-Sahne.

GRUNDREZEPT PROFITEROLES

Die kleinen, luftigen Windbeutel können Sie auf Vorrat backen und später nach Belieben füllen.

(FÜR 25 STÜCK)
- **25 g Butter**
- **1 Prise Salz**
- **90 g Mehl**
- **3 kleine Eier**

AUSSERDEM
- **Backpapier**

1 Den Backofen auf 225 °C vorheizen. Ein Backblech mit Backpapier auslegen.

2 Für den Brandteig ⅛ l Wasser mit der Butter und dem Salz aufkochen lassen. Das Mehl nach und nach dazugeben und so lange rühren, bis ein Teigkloß enstanden ist. Er muß sich leicht vom Topfboden lösen. Den Topf von der Kochstelle nehmen und nacheinander die Eier unterrühren.

3 Teig in einen Spritzbeutel mit mittelgroßer Sterntülle füllen und walnußgroße Häufchen auf das Backpapier spritzen. Etwa 15 Minuten backen (Gas 4; Umluft 200 °C). Sofort mit einem Messer aufschneiden und gut auskühlen lassen.

PROFITEROLES MIT ERDBEER-QUARKCREME

Zubereiten **45** Min. Backen **15** Min.

DEUTSCHLAND

FÜR DIE FÜLLUNG
- **125 g Erdbeeren**
- **250 g Quark**
- **2 EL Puderzucker**
- **2 EL Orangenlikör**

AUSSERDEM
- **Puderzucker zum Bestäuben**

4 Erdbeeren waschen, putzen und kleinschneiden. Mit dem Quark, dem Puderzucker und dem Orangenlikör verrühren.

5 Die Windbeutelchen mit dem Quark füllen und mit Puderzucker bestäuben.

Profiteroles mit Beeren-Sahne

Zubereiten **45** Min. Backen **15** Min.

Schweden

FÜR DIE FÜLLUNG
- 100 g gemischte Waldbeeren
- 1 EL Vanillezucker
- 150 g Schlagsahne
- 75 g Puderzucker
- 1-2 EL Zitronensaft

4 Die Waldbeeren waschen, abtropfen lassen und mit Vanillezucker mischen.

5 Die Sahne steif schlagen und die Beeren unterheben. Die Profiteroles mit der Sahne-Mischung füllen.

6 Den Puderzucker mit dem Zitronensaft glattrühren. Die Profiteroles mit der Zitronenglasur bestreichen.

Profiteroles mit Schokoladencreme

Zubereiten **45** Min. Backen **15** Min. Kühlen **30** Min.

Frankreich

FÜR DIE FÜLLUNG
- 100 g Zartbitter-Schokolade
- 1 sehr frisches Ei (s. Küchenlexikon)
- 1 EL Zucker
- 75 g Schlagsahne

4 Die Schokolade hacken und im warmen Wasserbad langsam schmelzen lassen.

5 Das Ei trennen. Das Eigelb, den Zucker und 1 EL warmes Wasser cremig aufschlagen. Die Hälfte der Schokolade unterrühren. Das Eiweiß und die Sahne getrennt steif schlagen und unter die Creme heben. ½ Stunde kalt stellen.

6 Die Profiteroles mit Creme füllen, die restliche Schokolade in feinen Linien aufträufeln.

INDISCHE MANGO-CREME »MALAI«

INDIEN

Erfrischendes für kalorienbewußte Naschkatzen: Eine leichte Mousse aus Mango, Buttermilch und Schlagsahne wird mit frischen Früchten angerichtet und mit Kokosraspeln bestreut.

ZUTATEN
(Für 4 Portionen)

- 4 Blatt weiße Gelatine
- 1 große Mango
- 200 ml Buttermilch
- 1 Pck. Vanillezucker
- 1 EL Zucker
- 2 TL Zitronensaft
- 100 g Schlagsahne

AUSSERDEM

- 1 Mango
- 1 Kiwi
- 4 EL Kokosraspel

ZUTATENTIP
Mangos schmecken nur dann richtig gut, wenn sie vollreif sind. Bei reifen Früchten gibt die Schale auf vorsichtigen Fingerdruck leicht nach und zudem duftet die Frucht sehr aromatisch.

1 Die Gelatine etwa 10 Minuten in kaltem Wasser einweichen. Die Mango schälen. Das Fruchtfleisch mit einem scharfen Messer vom Stein abschneiden und sofort zusammen mit der Buttermilch, dem Vanillezucker und dem Zucker im Mixer oder mit einem Pürierstab pürieren. Den Zitronensaft unterrühren.

Schritt 1

2 Die Gelatine tropfnaß in eine Tasse geben, darin in einem warmen Wasserbad auflösen und nur tropfenweise unter das Mangopüree rühren.

Schritt 2

3 Die Mangomasse kalt stellen, bis sie zu gelieren beginnt. Die Sahne steif schlagen und unter die Masse heben. Die Mousse zugedeckt für 2 Stunden kalt stellen.

4 Zum Servieren die zweite Mango schälen. Das Fruchtfleisch in Spalten vom Stein abschneiden. Die Kiwi schälen und in Spalten schneiden. Die Kokosraspel in einer trockenen Pfanne rösten.

Schritt 4

5 Von der Mousse Nocken abstechen und diese mit Mango- und Kiwispalten auf Tellern oder in Schälchen anrichten. Üppig mit Kokosraspeln bestreut servieren.

Zubereiten 40 Min. Kühlen 2 Std.
Pro Portion: 240 kcal/1000 kJ;
3 g EW; 7 g F; 41 g KH

TYPISCH INDISCH
Die ersten Mangobäume wuchsen vermutlich am Fuße der schneebedeckten Gipfel des Himalaya, und noch heute gibt es dort urwüchsige Mangowälder. Die aromatischen Früchte, denen in Indien sogar geheimnisvolle Kräfte zugesprochen werden, sind dort ebenso beliebt wie bei uns Äpfel.

Kochtip

• Reife Mangos sind kälteempfindlich. Sie sollten sie deshalb nicht im Kühlschrank aufbewahren.

• Mangosaft hinterläßt auf Küchentüchern und auf Kleidung schwer entfernbare Flecken, deshalb: Vorsicht beim Schälen und Zubereiten der Frucht.

Serviertip

Die Mango-Creme als frischen Abschluß nach einem scharfen Curry servieren. Dazu schmeckt gekühlte Kokosmilch: Getrocknete Kokosraspel mit heißem Wasser übergießen, 30 Minuten quellen lassen, ausdrücken und kalt stellen.

BRASILIANISCHE BANANENCREME

BRASILIEN

Die lockere, leichte Creme aus süßem Bananenpüree und Schlagsahne läßt sich schnell und einfach zubereiten – exotische Gewürze verleihen ihr ein unvergleichliches Aroma.

ZUTATEN

(Für 4 Portionen)

- 1 Limette
- 2 reife Bananen
- 2 EL brauner Zucker
- ½ TL gemahlene Vanille
- je 1 Prise gemahlener Ingwer, Zimt und gemahlene Nelken
- 150 g Schlagsahne

AUSSERDEM

- 1 Banane und 1 EL Kakaopulver zum Garnieren

ZUTATENTIP

Gemahlene Vanille ist in gut sortierten Supermärkten oder im Reformhaus erhältlich. Für das aromatische Pulver werden getrocknete Vanilleschoten vermahlen - ein guter Ersatz ist Vanillezucker mit echter Vanille. Oder Sie verwenden das ausgekratzte Mark einer Vanilleschote.

1 Die Limette heiß abwaschen und abtrocknen. Die Schale fein abreiben und den Saft auspressen. 2 EL Saft für die Garnierung beiseite stellen.

2 Die Bananen schälen und im Mixer oder mit einem Stabmixer pürieren oder in einer Schüssel mit einer Gabel gründlich zerdrücken. Sofort den Zucker, die Limettenschale und den Limettensaft unterrühren, damit sich das Bananenpüree nicht verfärbt.

3 Das Bananenpüree mit gemahlener Vanille, Ingwer, Nelken und Zimt abschmecken. Sahne steif schlagen, locker und gründlich mit einem Schneebesen unter das Bananenpüree heben.

4 Die Banane zum Garnieren schälen, einmal quer und einmal längs halbieren, so daß 4 flache Stücke entstehen. Diese Stücke fächerförmig einschneiden und mit dem zur Seite gestellten Limettensaft beträufeln.

5 Die Bananencreme auf flache Dessertteller verteilen und jeweils einen Bananenfächer daneben legen. Mit Kakaopulver bestäuben und sofort servieren.

Schritt 1

Schritt 2

Schritt 4

Zubereiten **20** Min.

Pro Portion: 220 kcal/910 kJ; 3 g EW; 12 g F; 25 g KH

TYPISCH BRASILIANISCH

Die beliebteste Frucht der Brasilianer ist die Banane, die einst arabische Händler aus Afrika in das Amazonasland brachten. Es gibt viele Sorten, und die Köche bereiten sowohl herzhafte als auch süße Gerichte aus den Früchten zu. Bananen-Desserts werden meist mit Zimt, Nelke und Vanille gewürzt.

Kochtip

- Die Creme schmeckt gut gekühlt am besten – köstlich auch als Halbgefrorenes: Dafür das Dessert 1-2 Stunden in das Gefriergerät stellen und mit einem Pürierstab kräftig durchmixen.
- Die Bananenfächer erst kurz vor dem Servieren herstellen, damit sich das Fruchtfleisch nicht verfärbt.

Serviertip

Sehr dekorativ: 2 Blatt eingeweichte, aufgelöste Gelatine unter die Bananencreme rühren, 15 Minuten gelieren lassen und mit einem Spritzbeutel mit Sterntülle in Schälchen spritzen. Mit feinen Spänen aus Limettenschale dekorieren.

Karibischer Ananasschaum

Martinique

Die traumhaft-leichte Mousse aus pürierter Ananas zaubert karibisches Flair. Köstliche Begleiter sind mit gemahlener Vanille aromatisierte Sahnesauce und frische Himbeeren.

ZUTATEN
(Für 4 Portionen)

FÜR DIE MOUSSE
- 1 mittelgroße, reife Ananas (siehe Zutatentip)
- 75 g brauner Zucker
- 2 EL Speisestärke
- ½ TL Vanillezucker
- 2 EL Rum
- 3 sehr frische Eier (siehe Küchen-Lexikon)

FÜR DIE SAUCE
- 70 g Puderzucker
- 100 g Schlagsahne
- 1 TL gemahlene Vanille

AUSSERDEM
- 75 g Himbeeren

Zutatentip
Beim Kauf einer frischen Ananas verlassen Sie sich am besten auf Ihre Nase. Die Frucht sollte sehr aromatisch riechen, dann ist sie wirklich reif und geschmacksintensiv.

1 Die Ananas schälen, alle dunklen und harten Stellen wegschneiden. 4 dünne Scheiben von der Frucht abschneiden und zum Garnieren beiseite legen. Den Rest vierteln, den harten Mittelstrunk entfernen.

2 Ananas grob würfeln, pürieren und in einem Topf mit dem Zucker aufkochen lassen. Die Speisestärke mit 2 EL Wasser glattrühren und unter die Ananas rühren. Erneut aufkochen lassen. Vanillezucker und Rum dazugeben. Abkühlen lassen.

3 Die Eier trennen. Eiweiße steif schlagen, Ananaspüree zugeben und unterheben. Die Masse zugedeckt 2 Stunden kalt stellen.

4 Für die Sauce die Eigelbe mit dem Puderzucker verrühren und über einem warmen Wasserbad hellcremig aufschlagen. Die Sahne nach und nach unterschlagen, bis die Sauce dicklich wird. Die Vanille unterrühren und die Sauce kaltschlagen.

5 Die Himbeeren verlesen und putzen. Den Ananasschaum in Dessertgläser füllen, mit den beiseite gelegten Ananasscheiben und den Himbeeren dekorieren. Zusammen mit der Vanillesauce servieren.

Schritt 1

Schritt 2

Schritt 3

Zubereiten **45** Min. Kühlen **2** Std.
Pro Portion: 400 kcal/1700 kJ;
7 g EW; 13 g F; 65 g KH

Typisch Martinique
Die Einflüsse der französischen Küche sind auf der Karibikinsel Martinique, die politisch zu Frankreich gehört, unübersehbar. Das harmonische Zusammenspiel zwischen einheimischen Zutaten und raffinierter französischer Zubereitungsart kreiert die köstlichsten Speisen, wie dieses Ananas-Dessert.

Kochtip

Frische Ananas enthält ein eiweißspaltendes Enzym. Es bewirkt, daß Gelatine nicht erstarrt und Sahne bitter wird. Deshalb kann eine Ananascreme nicht mit Gelatine gefestigt und mit Sahne gelockert werden. Für eine trotzdem schön locker-luftige Konsistenz sorgt in diesem Fall der untergehobene Eischnee.

Serviertip

Als Getränk ideal: ein Cocktail aus Ananas- und Orangensaft mit einem Spritzer Kokoslikör und weißem Rum. Garnieren Sie das Glas mit Ananas, und geben Sie einen Strohhalm in den Drink. Den Schaum nach einer gemischten Grillplatte servieren – fertig ist ein Menü.

Serviertip Aus 6 Ananasscheiben den harten Mittelstrunk herausschneiden und die Scheiben auf Dessertteller legen. Jeweils eine Kugel Kokosnuß-Eiscreme an die Stelle des Strunks in die Mitte setzen.

Kokosnuss-Eiscreme mit Limettensirup

Barbados

Die exotische Überraschung für Ihre Sommerparty: cremiges Kokosnußeis mit einem süß-säuerlichen Limettensirup. Dieses eiskalte Dessert läßt sich hervorragend im voraus zubereiten.

ZUTATEN
(Für 6 Portionen)

- 1 Vanilleschote
- 200 g Schlagsahne
- 60 g Zucker
- 1 Prise Salz
- 1 Dose ungesüßte Kokosmilch (280 g)
- 125 g Crème double

FÜR DEN SIRUP

- 3 Limetten oder Zitronen
- 125 g Zucker

AUSSERDEM

- 100 g Schlagsahne

Zutatentip

- Kokosmilch bekommen Sie in Asien- oder Feinkostläden. Statt der Milch aus der Dose können Sie auch feste Kokoscreme am Stück oder Kokospulver verwenden, das mit Wasser angerührt wird.
- Statt Limetten können Sie auch Zitronen verwenden.

1 Die Vanilleschote aufschlitzen, das weiche Mark herauskratzen. Mark, Schote, Sahne, Zucker und eine Prise Salz in einem Topf bei schwacher Hitze unter Rühren erwärmen, bis der Zucker geschmolzen ist. Nicht aufkochen lassen. Vom Herd ziehen und abkühlen lassen.

2 Die Vanilleschote aus der Sahne entfernen. Die Kokosmilch und die Crème double unter die Sahne rühren. In eine gefrierbeständige Schüssel füllen und zugedeckt mindestens 4 Stunden gefrieren lassen.

3 Die Limetten heiß abwaschen und abtrocknen. Die Schale mit einem Zestenreißer in feinen Spänen abziehen oder dünn mit einem Messer abschälen und in Streifen schneiden. Den Limettensaft auspressen.

4 Den Limettensaft und die Limettenschale mit dem Zucker und ¼ l Wasser in einem kleinen Topf etwa 5 Minuten köcheln lassen. Abkühlen lassen.

5 Das Eis 15-30 Minuten antauen lassen, zu Kugeln formen und in Eisbecher geben. Die Sahne steif schlagen und mit dem Limettensirup über das Eis geben.

Schritt 2

Schritt 2

Schritt 3

Zubereiten **30** Min. Gefrieren **4** Std.

Pro Portion: 550 kcal/2300 kJ;
3 g EW; 33 g F; 59 g KH

Typisch Barbados

Die Heimat der Limetten liegt vermutlich im malaiischen Archipel, doch heute werden sie in fast allen tropischen Ländern angebaut. In der Karibik sind der Saft und die herbe Schale beliebte, erfrischende Zutaten für süße und herzhafte Gerichte sowie für Mixgetränke.

AUSTRALISCHE KIRSCH-PAVLOVA

AUSTRALIEN

Diese üppige Sahne-Kirsch-Creme – kunstvoll auf zartem Baiser aufgeschichtet – ist ein Augen- und Gaumenschmaus. Für alle, die Sahne und Baiser lieben, genau das richtige!

ZUTATEN
(Für 8 Portionen)

FÜR DAS BAISER
- 3 Eiweiße, 1 Prise Salz
- 90 g Zucker
- 75 g Puderzucker
- 1 EL Speisestärke

FÜR DIE FÜLLUNG
- je 250 g Sauerkirschen und Süßkirschen (siehe Zutatentip)
- 2 EL Zucker
- 250 g Schlagsahne
- 1 Pck. Vanillezucker

AUSSERDEM
- Backpapier

ZUTATENTIP
Wenn Sie nur eine Kirschsorte bekommen, verwenden Sie davon die doppelte Menge. Außerhalb der Saison sind entsteinte Sauerkirschen aus dem Glas der beste Ersatz. Diese gut abtropfen lassen.

1 Eiweiße mit dem Salz in einer Schüssel steif schlagen, dabei den Zucker nach und nach einrieseln lassen. Den Puderzucker mit der Speisestärke mischen, über den Eischnee sieben und mit einem Kochlöffel locker, jedoch gründlich unterheben.

Schritt 1

2 Auf einem Bogen Backpapier einen etwa 18 cm großen Kreis aufmalen. Das Papier umgedreht auf ein Backblech legen.

3 Baisermasse in einen Spritzbeutel mit großer Sterntülle füllen. Die Hälfte spiralförmig auf den Kreis spritzen, dabei den Außenrand dicker aufspritzen. Restliche Baisermasse als dicke Tupfen neben den Kreis setzen. Im Backofen bei 100 °C (Gas und Umluft niedrigste Stufe) in etwa 2 Stunden trocknen lassen. Dabei einen Kochlöffelstiel in die Ofentür klemmen.

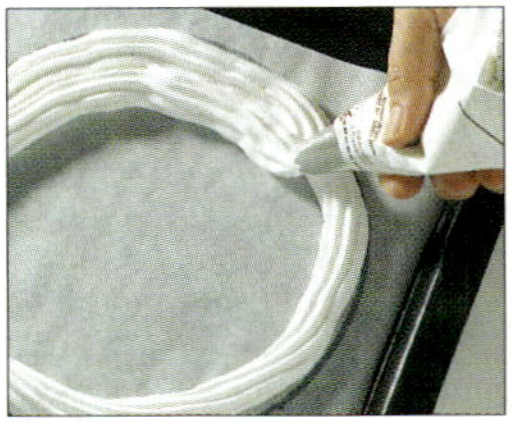

Schritt 3

4 Kirschen waschen, entstielen und entsteinen. Sauerkirschen, Zucker und 2 EL Wasser aufkochen, dann abkühlen lassen.

Schritt 4

5 Die Sahne steif schlagen, mit Vanillezucker süßen und mit Sauer- und Süßkirschen und den Baisertupfen kuppelförmig auf den Baiserboden schichten.

Zubereiten 45 Min. Backen 2 Std.
Pro Portion: 130 kcal/560 kJ;
2 g EW; 9 g F; 33 g KH

TYPISCH AUSTRALISCH
Die Pavlova entstand vermutlich 1935: Damals gab eine Hotelbesitzerin aus Perth ihrem Koch den Auftrag, etwas ganz Besonderes für den Nachmittagstee zu kreieren. Das leichte, luftige Ergebnis benannte man nach der russischen Ballerina Anna Pavlova – die Form soll an ein duftiges Ballettröckchen erinnern.

Kochtip

- Der Kochlöffelstiel in der Ofentür sorgt dafür, daß die entstehende Feuchtigkeit entweichen kann.
- Die Pavlova sofort nach dem Füllen servieren, damit der Baiserboden nicht durchweicht.
- Als Variante das Fleisch von 4 Passionsfrüchten und Kiwischeiben unter die Sahne heben.

Serviertip

Die Pavlova schmeckt als Dessert nach einem leichten Essen, etwa nach Lammkoteletts mit in Butter geschwenktem, zartem Bohnen-Möhren-Gemüse. Ein Kaffee, Mokka oder Espresso darf zum Schlemmernachtisch nicht fehlen.

Kalifornischer Pfirsich-Mousse-Kuchen

USA

Für diesen fruchtigen Cremekuchen brauchen Sie keinen Backofen: Der Boden besteht aus zerbröselten Keksen, die schnittfeste Mousse aus sahnigem Quark mit Pfirsichpüree.

ZUTATEN
(Für 12 Portionen)

- 175 g Butterkekse
- 2 EL Zucker
- 1 TL Zimtpulver
- 75 g zerlassene Butter

FÜR DIE MOUSSE

- 6 Blatt weiße Gelatine
- 1 kleine unbehandelte Zitrone
- 1 Dose Pfirsiche (800 g)
- 200 g Doppelrahm-Frischkäse
- 500 g Quark
- 3 EL Puderzucker
- 200 g Schlagsahne

AUSSERDEM

- 1 Dose Pfirsiche (800 g)

Zutatentip

- Anstatt Pfirsichen schmecken auch frische oder eingemachte Aprikosen.
- Magerquark und Sahnequark eignen sich ebenfalls.

1 Die Kekse in einen Kunststoffbeutel geben und mit einer Teigrolle fein zerbröseln. In einer Schüssel mit Zucker, Zimt und Butter vermengen, auf dem Boden einer 26 cm großen Springform verteilen und gut festdrücken. 1 Stunde kalt stellen.

Schritt 1

2 Für die Mousse die Gelatine in kaltem Wasser einweichen. Die Zitrone heiß abwaschen und abtrocknen, die Schale fein abreiben und den Saft auspressen.

3 Die Pfirsiche für die Mousse in einem Sieb abtropfen lassen. Die Früchte pürieren und mit Frischkäse, Quark, Puderzucker, Zitronensaft und -schale verrühren.

Schritt 3

4 Die Gelatine tropfnaß in einem kleinen Topf bei schwacher Hitze auflösen und nach und nach tropfenweise unter die Quarkcreme rühren. Die Sahne steif schlagen und unter die Creme heben.

5 Die Pfirsiche aus der zweiten Dose abtropfen lassen und in Spalten schneiden. Die Hälfte davon auf dem Keksboden verteilen. Die Pfirsichcreme darauf verstreichen und mindestens 3 Stunden kalt stellen. Mit den restlichen Pfirsichspalten dekorieren.

Schritt 5

Zubereiten **45** Min. Kühlen **4** Std.
Pro Portion: 310 kcal/1300 kJ;
11 g EW; 17 g F; 28 g KH

Typisch kalifornisch

Im sonnenverwöhnten Kalifornien gedeihen Pfirsiche besonders gut und entwickeln ein ausgeprägtes Aroma. Sie eignen sich hervorragend zum Konservieren – ein Großteil der in Dosen angebotenen Pfirsiche stammt aus kalifornischer Ernte. Weite Plantagen versorgen die Hersteller mit den saftigen Früchten.

Kochtip

Wer zur Saison frische Pfirsiche verwendet, benötigt etwa 1 Kilo. Die Pfirsiche kurz in kochendes Wasser legen, abschrecken und die Haut mit einem Messer abziehen. Harte Früchte sollten zudem einige Minuten in Wasser kochen. Dann die Pfirsiche halbieren, entsteinen und wie im Rezept beschrieben verarbeiten.

Serviertip

Ein Cafè frappé ist ein erfrischender Begleiter: gemahlenen Kaffee, Vanilleextrakt, Zitronenschale und Zimt aufbrühen. Abseihen, abkühlen lassen, in Eiswürfelbehältern gefrieren. Eiswürfel in einem Tuch zerschlagen, in Gläser füllen und mit geschlagener Sahne servieren.

Serviertip Kurz in Whiskey marinierte Orangenspalten schmecken köstlich dazu. Oder tauchen Sie die Fruchtsegmente zur Hälfte in Schokolade. Und natürlich darf ein Gläschen Whiskey nicht fehlen.

SCHOKOLADEN-»SOUFFLÉ« MIT WHISKEY

USA

ZUTATEN

(Für 8 Portionen)

- 250 g Zartbitterschokolade (siehe Zutatentip)
- 100 ml Whiskey
- 2 Eier und 2 Eiweiße, sehr frisch (siehe Küchen-Lexikon)
- 5 Blatt weiße Gelatine
- 2 EL Zucker
- 400 g Schlagsahne

AUSSERDEM

- Alufolie für die Form
- weiße Schokoladenraspel zum Garnieren

ZUTATENTIP

Statt mit Zartbitterschokolade können Sie die Schokoladencreme auch mit Bitterschokolade zubereiten. Sie enthält einen höheren Kakaoanteil und sorgt für ein noch intensiveres, herbes Aroma.

Zartbittere Schokolade und samtiger Whiskey verleihen der feinen Schokoladencreme eine besondere Geschmacksnote. Serviert wird sie als dekoratives Soufflé mit Schokoladenraspeln.

1 Von der Schokolade mit einem Sparschäler etwa 50 g in feinen Spänen zum Garnieren abziehen und beiseite stellen. Die übrige Schokolade hacken und in einer Schüssel über einem warmen Wasserbad schmelzen lassen.

2 Den Whiskey unterrühren. Die Eier trennen, dann die 2 Eigelbe mit einem Schneebesen unter die Schokolade rühren.

3 Die Gelatine in reichlich kaltem Wasser einweichen. Tropfnaß in eine Tasse geben und darin im Wasserbad auflösen. Unter die Schokolade rühren.

4 Die 4 Eiweiße steif schlagen, dabei den Zucker einrieseln lassen. Den Eischnee locker unter die Schokoladencreme heben. Die Sahne steif schlagen und ebenfalls unter die Schokoladencreme heben.

5 Aus Alufolie eine Manschette um eine Souffléform (¾-1 l Inhalt) befestigen. Die Creme in die Form füllen, mindestens 3 Stunden kalt stellen. Manschette von der Form entfernen, die weißen Schokoraspel an den Rand der Creme drücken und die beiseite gestellten Schokospäne darauf streuen.

Schritt 1

Schritt 4

Schritt 5

Zubereiten **50** Min. Kühlen **3** Std.
Pro Portion: 380 kcal/1600 kJ; 5 g EW; 29 g F; 26 g KH

TYPISCH TENNESSEE

Seit 1866 wird in Lynchburg, Tennessee, ein berühmter Rye-Whiskey gebrannt – ein Roggen-Whiskey mit hohem Maisanteil, der mindestens 3 Jahre im Eichenfaß lagert. Dank seines würzigen Aromas eignet er sich hervorragend zum Verfeinern von Kuchen und Süßspeisen.

HIMBEERKUCHEN »BAKED ALASKA«

USA

Innen Eis und außen heiß! Ein feiner Rührteigboden wird mit Vanilleeisstückchen und Himbeeren belegt, dick mit zarter Baisermasse bedeckt und dann ganz kurz überbacken.

ZUTATEN
(Für 4 Portionen)

FÜR DEN BODEN
- 40 g weiche Butter
- 30 g Zucker
- 1 Ei, 1 Eigelb
- 80 g Mehl
- 1 TL Backpulver
- 50 g Himbeeren (siehe Zutatentip)

FÜR DIE FÜLLUNG
- 200 ml Vanilleeis
- 100 g Himbeeren

FÜR DIE BAISERHAUBE
- 2 Eiweiße
- 1 Prise Salz
- 100 g Zucker

AUSSERDEM
- Fett für die Form

ZUTATENTIP
Sie können frische oder tiefgekühlte Himbeeren verwenden. Tiefgekühlte Beeren im Kühlschrank auftauen lassen.

1 Den Backofen auf 200 °C vorheizen. Eine Springform von etwa 20 cm Durchmesser fetten. Die Butter mit dem Zucker cremig verrühren. Ei und Eigelb dazugeben und alles schaumig aufschlagen. Das Mehl und das Backpulver mischen und unterrühren.

2 Den Teig in die Form geben und glattstreichen. 50 g Himbeeren darauf verteilen. Den Kuchen im Ofen etwa 25 Minuten backen (Gas 3; Umluft 180 °C). In der Form auf einem Rost auskühlen lassen.

3 Kurz vor dem Servieren den Grill des Backofens auf höchster Stufe aufheizen. Das Vanilleeis grob würfeln und mit den 100 g Himbeeren auf dem Kuchen verteilen, dabei leicht aufhäufen.

4 Die Eiweiße mit einer Prise Salz zu steifem Schnee schlagen, zuletzt den Zucker einrieseln lassen. Auf den Kuchen geben und mit einem Löffel verstreichen, so daß das Baiser dekorative Spitzen zieht.

5 Den Kuchen auf der zweiten Schiene von oben etwa 5 Minuten überbacken, bis das Baiser goldbraun geworden ist. Den Kuchen sofort servieren.

Schritt 2

Schritt 3

Schritt 4

Zubereiten **45** Min. Backen **25** Min.
Überbacken **5** Min.
Pro Portion: 430 kcal/1800 kJ; 8 g EW; 14 g F; 65 g KH

TYPISCH OREGON
Einem schneebedeckten Gipfel ähnlich ziert ein »Baked Alaska« den Tisch. Eis und Eischnee spielen in diesem Dessert die Hauptrollen, denn immer wird Eis mit Baisermasse kurz im Ofen überbacken. Besonders in Oregon sind die Eischneegebilde beliebt. Dort enthalten sie als erfrischende Zutat noch Früchte.

KOCHTIP

• Der Biskuit sollte gut ausgekühlt sein. Sie können ihn daher schon am Vortag backen und nach dem Auskühlen mit Folie abgedeckt kühl aufbewahren.

• Denken Sie daran, daß der fertige Kuchen sofort serviert werden muß und sich nicht aufbewahren läßt – das Eis würde schmelzen!

SERVIERTIP

Reichen Sie zu dem Himbeerkuchen eine gezuckerte Beerenmischung: 300 g frische oder tiefgefrorene Beeren – Erdbeeren, Brombeeren, Himbeeren, Heidelbeeren – nach Belieben zuckern und im Kühlschrank auftauen lassen. Tee oder Kaffee schmecken am besten zum Kuchen.

Küchen-Lexikon

Erläuterungen zu Zutaten und Kochbegriffen von A bis Z, die Ihnen das gute Gelingen der cremigen Desserts erleichtern.

Baiser
Im Ofen getrocknetes Gebäck aus süßer Eischneemasse. Die Oberfläche ist trocken, das Innere noch weich und klebrig.

Crème fraîche
Das Sauermilcherzeugnis mit einem Fettgehalt von mindestens 30 % hat einen vollmundigen Geschmack.

Eier
Wenn Sie Eigelbe im Wasserbad aufschlagen, sollten Sie nur ganz frische Eier verwenden – so haben Salmonellen keine Chance. Ein einfacher Test garantiert Ihnen Frische: Das Ei in ein Glas Wasser legen. Ist es frisch, bleibt es am Boden. Ist es alt, stellt es sich im Wasser auf. Ältere Eier nur zum Backen verwenden.

Eischnee
Geschlagenes Eiweiß, das mit einer Prise Salz oder Zucker oder mit einem Spritzer Zitronensaft noch fester wird.

Eiscreme
Unsere Eisdesserts gelingen aus nur wenigen Zutaten im 3-Sterne Gefrierfach des Kühlschranks – eine Eismaschine ist überflüssig.

Espresso
Als Zutat in Desserts entfaltet der kleine, starke Kaffee seine aufmunternde Wirkung und sorgt für kräftigen Geschmack.

Gelatine
Ob in Blatt- oder Pulverform – mit dem Geliermittel erhalten Cremes Standfestigkeit. Vorsicht bei der Zugabe zu kalter Creme: Ist die Masse zu kalt, wird die Gelatine fest, bevor sie untergerührt ist. Es gibt Klümpchen und die Creme geliert nicht.

Löffelbiskuits
Das zart-knusprige Kleingebäck wird für Desserts gerne mit Alkohol oder Kaffee getränkt.

Rund um die Schokolade
Sie ist Hauptzutat vieler Desserts und Grundlage für Dekorationen.

Die Sorten

Mit geringem Kakaoanteil schmeckt Schokolade mild und süß, mit hohem Kakaoanteil herb und bitter. Weitere Zutaten, wie Kaffee oder Nüsse, können den Geschmack der süßen Tafel bestimmen. Weiße Schokolade enthält keinen Kakao, jedoch mindestens 20 % Kakaobutter. Sie wird nicht so fest wie dunkle Schokolade – in Cremes muß deshalb häufig Gelatine als Stütze nachhelfen.
Zum Überziehen von Desserts – und auch für manche Verzierungen – eignet sich Kuvertüre besser als Schokolade. Sie enthält einen hohen Anteil an Kakaobutter, schmilzt leichter und fließt gut.

Dekorationen

Viele Desserts werden mit Schokoladenblättern, -täfelchen, -raspeln oder -spänen dekoriert. Preislich lohnt es sich, Schoko-Dekos selbst herzustellen. Für Raspel und Späne sollten die Tafeln gut gekühlt sein, für Blätter und Täfelchen müssen Sie die Schokolade schmelzen.

Das Schmelzen

Im heißen Wasserbad gelingt das Schmelzen am sichersten. Rühren Sie die Schokolade ab und zu um, wenn sie zu schmelzen beginnt.

Die Lagerung

Kühl, bei etwa 16 °C, und trocken hat sie es am liebsten. Nicht zu lange aufbewahren.

Mascarpone
Die weiche, butterartige Konsistenz macht den italienischen Frischkäse für die Zubereitung von Desserts so beliebt.

Mousse
Schaumspeise, die durch viel Eischnee oder Schlagsahne ihre luftig-schaumige und zarte Beschaffenheit erhält.

Parfait
Mit Eischnee oder Sahne gelockertes Eis, das meist nach der geschmacksgebenden Zutat, etwa Erdbeeren, benannt ist.

Quark
Ob Magerquark, Quark der Halbfettstufe oder Sahnequark – der Frischkäse ist gesund und optimal für Desserts geeignet.

Schlagsahne
Geschlagene Sahne mit einem Fettgehalt von 32-34 % bleibt besonders standfest.

Vanille
Echte Vanille hat das intensivste Aroma. Meist wird nur das Mark der Schote verwendet. Auch die gemahlene Schote verleiht Süßspeisen eine feine Note.

Nützliches Zubehör
Viele kleine Küchenhelfer tragen dazu bei, daß cremige Desserts perfekt gelingen.

Backpapier
Von dem beschichteten Papier läßt sich zartes Gebäck leicht ablösen – so gelingt auch Baiser ohne Bruch.

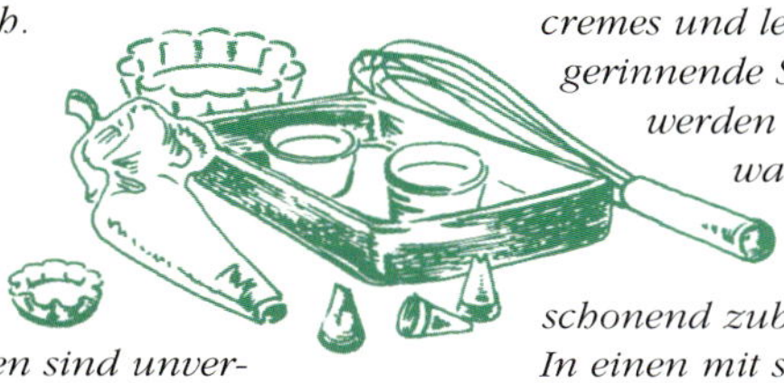

Welche Form?
Ob aus Metall, Keramik oder Kunststoff – Formen in verschiedenen Größen sind unverzichtbar. Eis gelingt am besten in Metallschüsseln, weil dieses Material die Kälte gut leitet.

Schneebesen
So richtig locker und luftig werden viele Cremes erst, wenn steifgeschlagene Sahne oder Eischnee mit einem Schneebesen untergezogen wird.

Spritzbeutel und -tüllen
Sie sind für Liebhaber der »süßen Küche« einfach unerläßlich: Stoff- oder Kunststoffbeutel mit auswechselbaren Aufsätzen, den sogenannten Tüllen. Damit lassen sich die schönsten Dekors auf Desserts spritzen.

Wasserbad
Empfindliche Eiercremes und leicht gerinnende Saucen werden in einem warmen Wasserbad schonend zubereitet. In einen mit siedendem Wasser gefüllten Topf gibt man ein kleineres Gefäß, das den Boden des Topfes nicht berühren darf. Mit einem Spezialgerät, dem Simmertopf, gelingen die Cremes noch leichter: Der Topf ist doppelwandig, das Wasser wird zwischen die beiden Wände gefüllt und dann zum Sieden gebracht.

Vanillezucker
Eine Mischung aus gemahlener Vanille und Zucker. Ebenso kann man auch Vanillestangen in Zucker einlegen. Der preiswertere Vanillinzucker, hergestellt mit künstlichem Aroma, reicht geschmacklich nicht an Vanillezucker heran.

Zucker
Weißer Kristallzucker oder fein vermahlener Puderzucker darf in zarten Cremes nicht fehlen. Sein braunes Pendant findet meist in exotischen Desserts Verwendung. Zucker immer trocken lagern, damit er nicht klumpt.

Menüvorschläge

Als Anregung für Ihre ganz spezielle Menüzusammenstellung haben wir jedem unserer cremigen Desserts eine Vorspeise und ein Hauptgericht zur Seite gestellt. Genau das richtige, wenn Sie Freunde oder die Familie mit einem Menü überraschen möchten!

Italien

Traditionelles Tiramisu 6/7
Carpaccio mit Parmesan auf Rucola
Rindfleisch »alla Pizzaiola«

Schokoladen-Eisbombe »Zuccotto« 8/9
Minestrone – Gemüsesuppe mit Erbsen
Mailänder Risotto

Zitronen-Limetten-Creme 10/11
Steinpilzsalat mit Vinaigrette
Schweinemedaillons »Florentiner Art«

Panna Cotta mit Brombeerpüree 12/13
Fettuccine in klassischer Käse-Sahne-Sauce
Saltimbocca alla Romana

Schweiz

Leichtes Erdbeerparfait 16/17
Kresse-Rahm-Suppe
Saibling in Zitronenbutter

Frankreich

Mousse au chocolat 18/19
Tomatensalat »Jardinière«
Hähnchen à la provençale

Elsässische Himbeer-soufflés 20/21
Kartoffeln mit Soufflèfüllung
Seezunge »Bonnefemme«

Klassische Crème Brûlée 22/23
Rohkostplatte mit Oliven
Steaks in Rotweinsauce

Marmorierte Erdbeer-Mousse 24/25
Klare Rinderbrühe
Filetspitzen mit Spinat

Deutschland

Rhabarber-Erdbeer-Becher 26/27
Gemüse in Aspik
Wildgulasch mit Spätzle

Halbgefrorene Vanillecreme mit Himbeerpüree 28/29
Brezeln mit Butter
Schweinebraten mit Kümmel

Niederlande

Holländische Vanille-Joghurt-Creme 30/31
Teller mit gemischtem Gemüse
Filets vom Kalb

England

Gestreifte Schokomousse »Black & White« 32/33
Warmer Seeteufelsalat
Lauch-Tomaten-Gratin

Rezeptregister

Impressum

Bildnachweis
Alle Titel- und Rezeptfotos:
Meister Verlag/International Masters Publisher B.V.
Michael Brauner, Dorothee Gödert, Ansgar Pudens, Peter Rees, Manuel Schnell
Agenturfotos:
Einleitung: Anzenberger: Giraudou Seite 5 unten, Kraus Seite 4/5 mitte; Focus: Kalvar Seit 5 oben; F. M. Frei Seite 4 unten; White Star: Gumm Seite 4 oben;
Fotos zu den 'Typisch'- Abschnitten:
AKG: Seite 52; Anzenberger:T. Anzenberger Seite 6, Seite 51, Appelt Seite 56, Sioen Seite 46; Bilderberg: Boisvieux Seite 44, Franke Seite 12, Seite 20, Grames Seite 48, Horacek Seite 22; Das Fotoarchiv: Mayer Seite 35; Focus: Kluyver Seite 38, Snowdon/Hoyer Seite 24; F. M. Frei: Seite 8; IFA: TPL Seite 18; Image Bank: Hartmann Seite 27; Kader: Jürgen Seite 28; Look: Heeb Seite 58, Martini Seite 11; Mauritius: Pascal Seite 54, Thonig Seite 30, Waldkirch Seite 40; Studio X/Gamma: Sander Seite 32; Visionbank: Seite 36; White Star: Reichelt Seite 16;

Reproduktionen Kolb Repro GmbH, Oberschleißheim
Computer to plate: S-B-P-S GmbH Kirchberg
Druck und Weiterverarbeitung: Sebald Sachsendruck Plauen

ISBN 3-88477-010-1